Esperanza de España

Manuel García Morente

Esperanza de España

Presentación de Jaime Urcelay

Presentación de Jaime Urcelay

Colección Nuevo Ensayo, nº 134

Fotocomposición: Encuentro-Madrid
Impresión: Cofás-Madrid
ISBN: 978-84-1339-172-4
Depósito Legal: M-42-2024
Printed in Spain

Para cualquier información sobre las obras publicadas o en programa
y para propuestas de nuevas publicaciones, dirigirse a:

Redacción de Ediciones Encuentro
Conde de Aranda 20, bajo B - 28001 Madrid - Tel. 915322607
www.edicionesencuentro.com

ÍNDICE

PRESENTACIÓN

El volumen que el lector tiene en sus manos contiene dos conferencias de Manuel García Morente sobre filosofía de la historia de España, representativas, por el tiempo y los acontecimientos que las separan, del itinerario personal e intelectual de su autor.

La primera de ellas —*Esperanza de España*—, cuyo título se ha elegido para el de este libro, fue pronunciada en el Teatro Nacional de Tetuán el 3 de enero de 1934, siendo desconocida hasta ahora, por lo que su publicación constituye una significativa novedad en la bibliografía de quien fuera uno de los más grandes filósofos españoles del siglo XX[1].

[1] En 1996, Juan Miguel Palacios y Rogelio Rovira ultimaron, con notable mérito, la publicación en cuatro volúmenes de las dispersas *Obras completas* del filósofo, asumiendo que una parte se ha perdido. Vid.: García Morente, M.: *Obras completas*, ed. de Juan Miguel Palacios y Rogelio Rovira, Fundación Caja Madrid y Antrophos, Barcelona 1996 (todas las citas que realizo de las obras de Morente incluyen la referencia de esta edición, con las iniciales O.C., seguidas del tomo, en números latinos, el volumen, en números arábigos, y la página que correspondan). Tras este hito, tan solo se han ido publicado, como inéditas, un cierto número de cartas, de mucho interés. Recientemente, el epistolario de Morente ha sido nuevamente compilado por Juan Carlos Infante, incorporando

Se convierte así en el único escrito del llamado *primer Morente* —es decir, el de la etapa anterior a la recuperación de la fe católica en 1937—, dedicado de manera específica al *problema de España*[2], tan central para la Generación del 98. Una temática que fue, tras *el hecho extraordinario* y a partir de sus artículos y conferencias de Argentina en 1938 sobre la hispanidad[3], una de las líneas fundamentales de su

---

las cartas inéditas publicadas desde 1996 por diferentes autores y las que él mismo tenía pendientes de publicar. Faltarían solo, según creo, las que Morente escribió al profesor argentino Coriolano Alberini. Vid.: M. García Morente, *Escritos autobiográficos y epistolario,* edición de Juan Carlos Infante Gómez, Colección Instituto CEU de Humanidades Ángel Ayala, CEU Ediciones, Madrid 2023.

2 Hay también una alusión suya al *problema de España,* explícita, aunque casi incidental, en un artículo de prensa, de 1929, dedicado a la filosofía de Ortega y Gasset. Vid.: M. García Morente, «El curso de Ortega y Gasset», *El Sol,* 02/06/1929 (O.C. I-2, p. 486).

3 La relación completa de los escritos conocidos dedicados a la hispanidad, además de los recogidos en el presente volumen, sería la siguiente: «¡España, gran porvenir!», *Orientación Española*, Buenos Aires, n.º 10, 1 de febrero de 1938, p. 11 (O.C. II-2, p. 375); «Raíces históricas del movimiento nacionalista», id. n.º 11, 15 de febrero de 1938, pp. 7-9 (O.C. II-2, p. 377); «El nacionalismo como realidad de la vida humana», ídem, n.º 14-15, 1 al 15 de abril de 1938, pp. 11-12 (O.C. II-2, p.382); «Orígenes del nacionalismo español», conferencia pronunciada en el Teatro Solís de Montevideo el 24 de mayo de 1938, bajo los auspicios de la Institución Cultural Española del Uruguay, Montevideo 1938 (O.C. II-2, p. 21); «España como estilo», conferencia en la Asociación de Amigos del Arte, de Buenos Aires, el día 1 de junio de 1938 (O.C. II-1, p. 317); «El caballero cristiano», conferencia en la Asociación de Amigos del Arte, de Buenos Aires, el día 2 de junio de 1938 (O.C. II-1, p. 337); «El tipo humano de la Hispanidad», conferencia emitida por Radio Nacional de España a los pueblos de América el 4 de julio de 1940 (O.C. II-2, p. 72); «La Hispanidad eterna», *Ya*, Madrid, 12 de octubre de 1941 (O.C. II-2, p. 389); «Ser y vida del caballero cristiano», conferencias pronunciadas ante los Profesores y Caballeros Alumnos de la Escuela Naval Militar los días 24, 25 y 26 de septiembre de 1941, San Fernando 1942 (O.C. II-2, p. 188); «El Pontificado y la Hispanidad», conferencia pronunciada en la Real Academia de Jurisprudencia y Legislación de Madrid el día 12 de mayo de 1942 (O.C. II-2, p. 277); «La estructura de la historia», conferencia pronunciada el día 8 de abril de

dedicación intelectual hasta su inesperado fallecimiento en 1942. Esta conferencia inédita resulta ser, por ello, un testimonio de mucho interés para la comprensión de la evolución tanto de su actitud vital como de su pensamiento.

El texto descubierto y que ahora se presenta procede de la transcripción de dicha disertación, contenida en un pequeño folleto de veinticinco páginas, editado el mismo año 1934, probablemente con corta tirada, por el Club Rotario de Tetuán, organizador del acto[4].

Nuestro pensador se encontraba en aquellas fechas en la cima de su madurez intelectual y de su prestigio como catedrático y decano de la Facultad de Filosofía y Letras de

1942 en Pamplona, en el ciclo organizado por la Institución Príncipe de Viana, *Príncipe de Viana*, Pamplona, n.º 8, 3er trimestre de 1942, pp. 281-298 (O.C. II-2, p. 240); «Cuatro sermones sobre San Fernando», pronunciados en la Hermandad de Caballeros de San Fernando en 1942, Madrid (O.C. p. 311); y «El elemento religioso en la formación de la nacionalidad española y de la hispanidad», *Ecclesia*, Madrid, n.º 65, 10 de octubre de 1942, pp., 18-19 (O.C. II-2, p. 401). El profesor Pedro José Grande acaba de publicar una compilación de estos escritos sobre la hispanidad. Vid.: M. García Morente, *Manuel García Morente. Escritos sobre la Hispanidad*, edición de Pedro José Grande Sánchez, colección Autores del Pensamiento Hispánico, SND Editores, Madrid 2023.

4 *Esperanza de España. Conferencia pronunciada por Don Manuel García Morente (Decano de la Facultad de Filosofía y Letras de la Universidad de Madrid) en el Teatro Nacional el día 3 de enero de 1934, Acto organizado por el Club Rotario de Tetuán,* Casa Gomariz, Tetuán 1934. La transcripción de la conferencia va precedida de las palabras de presentación pronunciadas por el presidente del Rotary Club de Tetuán, Mariano Domínguez, en las que se hace referencia a Jacobo Bentata. Sabíamos de la celebración de esta conferencia por *El Sol* de 04/01/1934 («Una interesante conferencia del catedrático de la Central Sr. García Morente») y 06/01/1934 («Ciclo de conferencias organizadas por los Clubs rotarios de Marruecos»). El día anterior disertó en Tánger («La España eterna») y, al día siguiente, en Ceuta («Lo que han sido y pueden ser los españoles»), cuyos textos no conocemos. Pese a la diferencia en los respectivos títulos, parece, por la referencia de la prensa, que el contenido de las tres conferencias debió de ser muy similar.

la Universidad Central de Madrid. Era, sin duda, uno de los prohombres de la vida cultural española del momento, reclamado por todas partes, en España y fuera de ella.

Poco anteriores a 1934 fueron su ingreso en la Academia de Ciencias Morales y Políticas, la puesta en marcha del innovador plan de estudios —el *Plan Morente*— de su Facultad, la inauguración del nuevo edificio en la Ciudad Universitaria y el éxito del crucero universitario por el Mediterráneo, del que nuestro autor fue director y principal impulsor.

Será precisamente en el mencionado crucero en el que conviva durante cuarenta y cinco días —entre el 15 de junio y el 1 de agosto de 1933— con quien le invitó a pronunciar la conferencia en Tetuán: Jacobo Bentata Sabah, destacado miembro de la comunidad judía de Tánger, presidente del Club Rotario de esta ciudad y representante de España en la Asamblea Legislativa internacional tangerina. Una interesante personalidad, embarcada en la expedición académica como *representante del Patronato del Turismo,* por invitación del Ministerio de Instrucción Pública[5].

1934 será, en fin, el año del ciclo sobre filosofía fundamental en la Residencia de Estudiantes[6], de la multiplicación

[5] Es muy ilustrativo lo que el director de Asuntos Exteriores del Ministerio de Estado, José Ruiz de Arana, vizconde de Mamblás, escribe sobre Bentata al embajador español en Atenas, con ocasión de la arribada del crucero universitario a Grecia (vid.: F. Gracia, y J.M. Fullola, *El sueño de una generación. El crucero universitario por el Mediterráneo de 1933*, Publicacions i Edicions de la Universitat de Barcelona, Barcelona 2006, p. 246). Para una semblanza de Bentata, puede verse G. Bentata, «Mi padre, Jacobo Bentata», *Tamuz-Elul*, Caracas (Venezuela), n.º 112, julio-septiembre 1999, pp. 8-12.

[6] Fue organizado en el mes de febrero por la aristocrática Sociedad de Cursos y Conferencias. El ciclo, de cinco conferencias, llevaba el título de «Lo

de su presencia en los órganos rectores de toda clase de instituciones y sociedades culturales[7] y, sobre todo, de la extraordinaria acogida del ilustre profesor en América, gracias a la visita que inició el 12 de agosto en Buenos Aires y que durante tres meses le llevó a dictar conferencias en diversas universidades de Argentina y Uruguay. Es allí, constatan Juan Miguel Palacios y Rogelio Rovira, «donde se perfila mejor y más amplia y abiertamente la filosofía de García Morente cuando frisaba los cincuenta años, en su fase más madura inmediatamente anterior a su conversión religiosa. (…) En esencia, una filosofía de la vida, a la vez original y declaradamente orteguiana, en la que se consideran definitivamente superados a la vez el realismo y el idealismo»[8].

El segundo escrito que se presenta —*Ideas para una filosofía de la historia de España,* discurso pronunciado en el acto de apertura del curso académico en la Universidad Central el 8 de octubre de 1942 (por tanto, ordenado ya sacerdote

---

que han sido y lo que son las cosas». Ver *El Sol* de 18/02/1934 y 20/02/1934. No me consta que se hayan publicado los textos de estas lecciones, que fueron retransmitidas por Unión Radio. Quizá coincidieran, en parte, con las posteriores de Buenos Aires, sí publicadas por Palacios y Rovira. En el mismo periódico hay un amplio resumen de la última conferencia, pronunciada el 31 de marzo. Vid.: «En su última conferencia el señor García Morente expone la filosofía de la 'razón vital' de Ortega y Gasset», *El Sol* de 01/03/1934. Según el mismo diario, el 13 de febrero pronunció en Cartagena una conferencia, también perdida, sobre «Los tres aspectos esenciales de la cultura». Vid.: *El Sol* de 14/02/1934.

[7] En mayo de 1934 sería elegido asimismo vicepresidente primero de la Junta de Gobierno del Ateneo de Madrid, en la candidatura de Fernando de los Ríos. Vid: «Don Fernando de los Ríos, presidente del Ateneo», *El Sol* de 31/05/1934.

[8] J.M. Palacios, y R. Rovira, «Prólogo», en M. García Morente, *Obras completas*, op. cit., I-1, p. XXIV.

y apenas dos meses antes de su muerte)—, es un texto más extenso y ya publicado anteriormente.

Con una exposición muy cuidada y medida, *Ideas para una filosofía de la historia de España* deja patentes, a primera vista, las cualidades que hicieron siempre de Morente un gran maestro, apreciadísimo por sus alumnos: claridad, sistematicidad y riqueza expresiva; profundidad, precisión conceptual y apertura en sus ideas; sentido pedagógico en el propósito.

Además, y pese a la humilde protesta en el inicio del texto de *provisionalidad*, de *ocurrencias propias, probablemente mal fundadas,* se trata de un escrito de gran fuste filosófico —especialmente en su primera parte, titulada *Prolegómenos generales sobre filosofía de la historia*—, en el que termina de sedimentar, armonizar y completar planteamientos anteriores, tanto previos como posteriores a la conversión religiosa. El P. Mauricio de Iriarte, en su imprescindible biografía del filósofo, consideró que este ensayo es su «testamento literario y el cierre de su conversión»[9].

Con este contexto, la publicación ahora de ambas conferencias en un mismo volumen va a permitir al lector comparar las ideas de García Morente sobre la filosofía de la historia de España en dos momentos significativamente distintos de su biografía.

Un contraste que, por de pronto, pide revisar la tesis —presente en no pocos comentaristas de Morente— de que su patriotismo y su pensamiento sobre la hispanidad

[9] M. de Iriarte, *El profesor García Morente, sacerdote. Escritos íntimos y comentario biográfico*, Espasa-Calpe, Madrid 1951, p. 270.

arrancan en 1937, como consecuencia directa de su dramática conversión a la fe católica y de las circunstancias históricas marcadas por el inicio de la Guerra Civil[10].

Una lectura detenida de las dos conferencias sugiere, además, la permanencia de un mismo presupuesto intelectual: su rica filosofía de la historia y su teoría general de la cultura, incipientes ya en el artículo de 1923 en la Revista de Occidente sobre *La decadencia de Occidente* de Spengler[11] y que en septiembre de 1934 encontramos desarrolladas, con amplitud y profundidad, en el segundo ciclo de conferencias del curso de la Facultad de Filosofía y Letras de la Universidad de Buenos Aires[12].

En ellas, valga el detalle, recrea el concepto spengleriano del *estilo* —tan central en los escritos posteriores sobre la hispanidad—, entendido como el carácter de todos los productos o expresiones de una cultura, su *símbolo primario* o *cuño común*, cuya identificación será fruto de un *esfuerzo intuitivo* al comparar y describir dichas formas particulares.

---

10 Entre otros, puede verse, como ejemplo extremo de esta interpretación, J.L. Villacañas, «Hispanidad: Maeztu y Morente», *The Colorado Review of Hispanic Studies*, Denver (EEUU), vol. 5, 2007, pp. 121-143.

11 M. García Morente, «Una nueva filosofía de la historia. ¿Europa en decadencia?», *Revista de Occidente*, Madrid, tomo I, 2, agosto de 1923, pp. 175-182 (O.C. I-2, p. 709).

12 Id., *De la metafísica a una teoría general de la cultura*, Facultad de Filosofía de la Universidad Complutense de Madrid, Madrid 1995 (O.C. I-1, p. 357). Sobre el sentido de la cultura colectiva, volverá, poco después, en «Ensayo sobre la vida privada», *Revista de Occidente,* Madrid, núm. 139, de enero de 1935, pp. 90-110, y núm. 140, de febrero de 1935, pp. 164-203 (O.C. I-2, p. 425). Ediciones Encuentro reeditó este ensayo en 2001, con una presentación de Rogelio Rovira.

El lector quizá podrá descubrir también que las ideas sobre la trayectoria histórica de nuestra patria y el *alma española* que, de manera colateral, aparecen de alguna forma apuntadas, como observó Socorro Fernández[13], en *La Filosofía en España* (conferencia dictada al final de su primera estancia en Argentina en 1934)[14], en realidad habían tenido ya una exposición más completa en *Esperanza de España* y quizá —esto es solo una suposición— en los diferentes discursos institucionales y en las conferencias pronunciados con ocasión del mencionado crucero universitario del Mediterráneo de 1933. Una embajada cultural en la que nos consta que García Morente se mostró orgulloso del pasado histórico español, desmintiendo los rastros de la Leyenda Negra. Así lo testimonió poco después del regreso:

> La nación española se ha hecho presente en remotas regiones en donde no era conocida o lo era poco y mal.
>
> (...) En la Universidad de Jerusalén y en la Universidad de Atenas, el que suscribe ha tenido ocasión de hablar acerca de España, su historia y su arte ante un público selecto de profesores, universitarios y estudiantes, y puedo afirmar que he encontrado los ánimos tan admirablemente dispuestos y tan gratamente sorprendidos por nuestra presencia y nuestra índole, que bien puede asegurarse que el concepto que de España hemos dejado en los lugares de nuestro viaje difiere por completo del que habían forjado las

13 S. Fernández, «La idea de hispanidad en García Morente», en J.M. Burgos, (ed.): *España vista por sus intelectuales*, Palabra, Madrid 2015, p. 98.

14 M. García Morente, «La Filosofía en España», conferencia pronunciada en el Club Español de Buenos Aires el 21 de octubre de 1934, *Revista de Filosofía*, Madrid, vol. 15, 1996 (O.C. I-2, p. 411).

falsas y tendenciosas informaciones juntamente con una ignorancia desdeñosa[15].

Puede descubrirse también, en esa lectura en paralelo que propongo, que las alusiones a Cervantes y a la índole particular de España y su contribución, con sentido universal, a la humanidad, presentes en el discurso pronunciado en Weimar (Alemania) en 1932 sobre *Goethe y el mundo hispánico*[16], serán semilla que germine en las dos conferencias recogidas en este volumen.

Se podrá comprobar, asimismo, cómo en 1934, en *Esperanza de España,* está ya esbozado el método seguido en 1942 en *Ideas para una filosofía de la historia de España* —y, antes, en *Idea de la hispanidad,* de 1938[17]— para conocer la

---

15 Id., «Información gráfica del crucero universitario», *Residencia*, Madrid, vol. IV, n.º 4 y 5, octubre-noviembre 1933 (O.C. I-2, p. 388). Las conferencias a las que alude fueron pronunciadas, respectivamente, el 28 de junio y el 14 de julio. Es muy reveladora también la anécdota sobre el comportamiento de García Morente cuando navegaban por el Golfo de Lepanto, recordada por uno de los estudiantes cruceristas. Vid.: G. Díaz-Plaja, *Entre la vida y los libros*, Argos-Vergara, Barcelona 1984, p. 74.

16 Id., «Goethe y el mundo hispánico», Discurso pronunciado en Weimar (Alemania) el día 24 de marzo de 1932, en *Revista de Occidente*, Madrid, tomo XXXVI, 106, abril de 1932 (O.C. I-2, p. 263).

17 Id., *Idea de la hispanidad*, Espasa-Calpe Argentina, Buenos Aires 1938. Este libro, muy difundido, recoge las ya mencionadas conferencias de Buenos Aires de 1938 tituladas «España como estilo» y «El caballero cristiano». En 1939 se publicó la 2ª edición y en 1947 la 3ª, aumentada con los textos de las conferencias, ya de 1942, «El Pontificado y la Hispanidad» y «Para una filosofía de la historia de España» (en realidad, «Ideas para…»). En la *Advertencia* que aparece al principio de esta edición se da cuenta de que su autor «tuvo el propósito de fundir todos estos trabajos en un volumen». Dicha 3ª edición es la que después se reproduciría, en 1961, en la popular colección Austral de la misma editorial. Aparte de las *Obras completas* de 1996, habrá que esperar a 2008 para una nueva edición, limitada de nuevo a las dos conferencias de 1938. Vid.: M.

biografía colectiva de España y, de otra parte, el recurso al *símbolo* para expresar su *alma o estilo propios.*

En efecto, en dicha conferencia Morente plantea ya cómo la historia de una nación o pueblo, en cuanto biografía colectiva, se despliega en la fijación de los hechos sucesivos en el tiempo, la interpretación de la trayectoria histórica (de la que se intuye su *estilo* diferencial como cultura colectiva o *unidad de vida*) y la penetración en la esencia de esa *quasi-persona* histórica, a través del símbolo (aquí, en el caso de España, *el hidalgo*; después de la conversión, *el caballero cristiano*).

También en *Esperanza de España* aparecen de alguna forma trazados, en sus líneas básicas, los cuatro grandes periodos sucesivos de la trayectoria histórica de España que —ya con completa nitidez, precisión y coherencia— encontraremos *armónicamente compenetrados* en *Ideas para una filosofía de la historia de España,* superando las vacilaciones y dificultades de interpretación, presentes, a este respecto, en el desconocido texto de 1934. Me refiero al *primer periodo o de preparación* (antigüedad), *segundo periodo o de formación de la nacionalidad* (Reconquista), *tercer periodo o de expansión de la hispanidad* (conquista de América) y *cuarto periodo o de aislamiento de España* (a partir de 1700).

Pero, con ser significativos los aspectos que acabo de señalar sobre lo que puede ofrecer de coincidente una lectura comparada de ambas conferencias, lo más sugerente, a mi juicio, es lo que las hace diferentes. Y es ahí donde sí se

---

García Morente, *Idea de la hispanidad*, prólogo de Eudaldo Forment y biografía de José María Montiú, Homo Legens, Madrid 2008.

reconoce la irrupción, con todo vigor y entusiasmo, de la radical transformación operada por García Morente desde el retorno a la fe. Probablemente, un lento proceso interior que culminó en el exilio parisino, en la noche del 29 al 30 de abril de 1937, según él mismo dejó narrado en *El hecho extraordinario*[18], «una de las obras de más profundo valor autobiográfico que ha producido el espíritu humano, después de las *Confesiones* de san Agustín», a juicio de su discípulo Rafael Gambra[19].

Hay en *Esperanza de España* una explicación desde la razón natural de nuestra trayectoria histórica como nación y una intuición de su alma, concluyendo con la constatación de que *el querer del alma española* —en definitiva, el sentido de dicha trayectoria— es *la afirmación de una dignidad moral; lo que el alma española quiere es un mundo en donde cada alma, sea la que sea, lo sea con dignidad moral,* siendo esa la esperanza de España. Nuestro pensador, coherente con su personalidad y las influencias recibidas en su formación filosófica, no ve *por ninguna parte otra orientación clara que la orientación de la pura y simple moral.*

En 1934 hay todavía en el agnóstico García Morente, inmerso en el espíritu krausista de la Institución Libre

---

18 Ediciones Encuentro ha reeditado este escrito, dirigido por el filósofo a su director espiritual del Seminario de Madrid, el P. José María García Lahiguera, con una Nota preliminar de la nieta del filósofo. Vid.: M. García Morente, *El hecho extraordinario,* Nota preliminar y edición de Carmen Bonelli García-Morente, Encuentro, Madrid 2015.

19 R. Gambra, «Estudio preliminar», en M. García Morente, *Ideas para una filosofía de la historia de España*, Biblioteca del Pensamiento Actual, Rialp, Madrid 1957, p. 15.

de Enseñanza, una llamativa amputación de cualquier planteamiento religioso o transcendente. Omisión que resulta forzada cuando se refiere a la trayectoria histórica de España. Pero no puede pasarse por alto, en este texto de *Esperanza de España,* una aislada y luminosa mención a *la Providencia,* anticipatoria de lo que sería *vivencia* profundamente grabada en su espíritu, en los días que siguieron al inicio de la Guerra Civil, y *pensamiento* definitivamente integrado como elemento fundamental de su filosofía de la historia.

Muy diferente es, en este orden, *Ideas para una filosofía de la historia de España.* En 1942, como escribieron las hijas del filósofo, «su trato con Dios (...) era lo que más le importaba en su vida»[20]. Antes, en 1940, él mismo había escrito en su *Diario de Ejercicios Espirituales*[21]: «¿Qué puedo hacer (...)? (...) Amar, amar, amar a Dios. Con todo amor; con amor intelectual, con amor sensible, con serenidad y con exaltación»[22]. Pues su vida, concluía en las *resoluciones* finales de dicho escrito íntimo, «está ya toda entera, directa e indirectamente, dedicada únicamente a la mayor gloria y servicio de Dios»[23].

Será *esa íntima conversión hacia lo eterno,* a la que alude en los primeros párrafos del discurso, de conmovedoras

---

[20] M.J. García Morente, y M.C. García Morente, «García Morente, nuestro padre», en M. García Morente, *Escritos desconocidos e inéditos*, Biblioteca de Autores Cristianos, Madrid 1987, p. 483 (O.C. II-2, p. 593).

[21] El *Diario* fue publicado por primera vez en M. de Iriarte, op. cit., pp. 168-227 (O.C. II-2, pp. 442 a 500).

[22] Ib., p. 170 (O.C. II-2, p. 444).

[23] Ib., p. 227 (O.C. II-2, p. 500).

resonancias autobiográficas, la que le ofrezca una visión más completa de la realidad que la explicación, clausurada en la razón, que hasta entonces había pretendido. Una *filosofía cerrada* —como él la denominó en su primera conferencia sobre santo Tomás, en 1940[24]— que solo fragmentariamente podía acercarse a la verdad, en la medida en que la negación de la dimensión religiosa implica una reducción del objeto del conocimiento. Por el contrario, como sostiene en esa misma conferencia,

> La filosofía auténtica no cierra la puerta a otras noticias, que de la realidad nos lleguen por vías distintas de la razón y la experiencia. La filosofía auténtica es siempre filosofía abierta de par en par, filosofía comprensiva y verdaderamente objetiva. En cambio, el error radical de los sistemas filosóficos que niegan a la fe todo valor de conocimiento, consiste precisamente en cerrar esas puertas de la razón a todo lo que no sea la razón misma; o, mejor dicho, en aprisionar dentro del recinto racional toda la realidad objetiva[25].

La fe recuperada amplía de este modo la mirada a la persona, autora, con su voluntad libre, de la historia: en lo que somos como personas, lo somos no solo con los demás hombres, sino también con Dios.

Creo que es esta nueva apertura del pensamiento a la unidad de la realidad, proporcionada por la aceptación del sentido religioso y la complementariedad de fe y razón, la que ayuda a Morente a descubrir —ciertamente, condicionado

---

24 M. García Morente, *La razón y la fe en santo Tomás de Aquino*, Universidad de Valladolid, Valladolid 1940, p. 23 (O.C. II-2, p. 70).

25 Id., p. 68.

también por las circunstancias del momento—, que, como afirma, en la nación española y en su historia *la religión católica no constituye un accidente, sino el elemento fundamental de su esencia misma.* Consecuentemente, escribe, *en el hombre hispánico la religiosidad no es una dimensión de la vida, sino la aspiración más profunda del alma.* La *dignidad moral* del Morente de 1934 sigue ahí, si bien adquiere ahora una nueva plenitud superadora por nuestra condición de hijos de Dios y hermanos de todos los hombres. Culmina así su pensamiento sobre la hispanidad, afinando y complementando el de otros dos gigantes: Marcelino Menéndez y Pelayo y Ramiro de Maeztu[26].

En síntesis, podría considerarse aquí, a propósito de la evolución de la filosofía de la historia de España de Morente, observable por la comparación de las dos conferencias, lo que apuntó su discípulo Julián Marías: la apertura a la transcendencia viene a completar, en su trayectoria filosófica, «algunas deficiencias de su pensamiento anterior (...), pero sin afectar a las líneas capitales de sus convicciones filosóficas»[27].

No hay que pensar, afirmó Juan Zaragüeta con ocasión del fallecimiento del filósofo de Arjonilla, «que su conversión,

---

[26] Para una valoración crítica de la concepción morentiana de la hispanidad, resultan de particular interés, a mi juicio, las reflexiones de Gonzalo Fernández de la Mora, quien, desde muy pronto, dedicó al tema distintos estudios, bien fundamentados y matizados, prestando particular atención a la relación de aquella con la que Ramiro de Maeztu presenta en *Defensa de la Hispanidad*, concluyendo que ambas son *parcialmente complementarias*. Entre otros ensayos, vid.: G. Fernández de la Mora, «Las hispanidades», *Cuadernos de Pensamiento*, Madrid, n.º 2, 1988, pp. 87-94.

[27] J. Marías, *La filosofía española actual. Unamuno, Ortega, Morente, Zubiri*, Colección Austral, Espasa-Calpe, Madrid 1948, p. 130.

como la de Clodoveo, exigiera precisamente *quemar lo que adoró y adorar lo que quemó*, sino más bien integrar dicho pensamiento con la perspectiva del sentido transcendente de la vida, en el doble plano de lo natural y lo sobrenatural»[28].

En definitiva, «si se mira bien —es nuevamente Marías quien escribe—, la gran innovación es la ausencia de omisiones. (...) La transformación personal de Morente hace que haya una innovación, una apertura a nuevos pensamientos, a reparar en dimensiones desatendidas, que han entrado en su vida y por ello en su horizonte intelectual»[29].

Jaime Urcelay

---

[28] J. Zaragüeta, *Necrología del académico de número Excmo. Sr. D. Manuel García Morente (1886-1942) leída en la sesión del 9 de febrero de 1943*, Real Academia de Ciencias Morales y Políticas, Madrid 1943, p. 19.

[29] J. Marías, «Prólogo», en M. García Morente, *Lecciones preliminares de filosofía*, Encuentro, Madrid 2019, pp. 9 y 10. Con la misma hipótesis interpretativa, vid.: Id., «Morente a los cien años», *ABC*, Madrid, 2 de febrero de 1986 (reproducido, con el título «García Morente: una vocación filosófica», en *Cuadernos de Pensamiento*, Madrid, n.º 2, 1988, pp. 95-97).

ESPERANZA DE ESPAÑA

Señoras y señores:[1]

Debo empezar por agradecer vivamente las palabras de cordialidad y de simpatía que ha pronunciado aquí el señor presidente del Club Rotario, y que yo no merezco.

Con muchísimo gusto he accedido a la invitación del Club Rotario, para tomar la palabra en la Zona española; con tanto más gusto cuanto me proponía —cuando se me indicó la conveniencia de venir aquí— seguir la vieja costumbre nuestra en la Península, vieja costumbre de todos los españoles, de hablar de sí mismo; porque somos un pueblo que desde hace cuarenta o cincuenta años se ha dedicado, con una curiosa y extraña monomanía, a pensar y a hablar de sí mismo.

Si vosotros hacéis un poco de memoria recordando aquellas conversaciones más profundas y más interesantes habidas entre nosotros mismos, no vacilaréis en afirmar que han tenido por objeto la meditación sobre España.

No creo que haya hoy en el mundo un pueblo que, como el español, esté tan polarizado a reflexionar sobre sí

---

[1] Conferencia pronunciada en el Teatro Nacional de Tetuán el 3 de enero de 1934.

mismo; pero, al mismo tiempo —y esto es lo extraño, lo más extraordinario y curioso—, este pueblo español, constantemente preocupado de sí mismo, no junta esa preocupación con lo que pudiéramos llamar sentimiento nacionalista. Nadie más que los españoles piensa en su propia nación; nadie menos que los españoles está embargado por esa ciega y cerrada idea nacionalista, que en muchos otros países constituye hoy el ideario fundamental. Y tan cierto es ello, que muchas veces se nos escapa a los españoles la queja de falta de patriotismo.

¿Hasta qué punto está justificada? Yo creo que hemos de verlo en la conferencia que voy a tener el honor de pronunciar ante vosotros.

Esa falta de patriotismo es errónea, no hay tal falta de patriotismo. Lo que sucede, como veremos enseguida, es que la índole del alma española se halla profundamente hincada en esa aparente contradicción, que consiste, por una parte, en estar siempre preocupada de sí misma, y por otra, en no poseer esos avasalladores e imperialistas nacionalismos que son la característica de otros pueblos.

Pero para darnos bien cuenta de qué es lo que España significa en la historia y qué es lo que puede significar en el futuro, haría falta, señores, una voz más autorizada que la mía. Porque España no es simplemente una expresión geográfica; ni es tampoco una historia larguísima, ni una literatura, ni un idioma. Es algo más que todo eso: es la síntesis anímica de todo eso. Esas cosas, la historia, la tierra, el idioma, la literatura, el arte, son otros tantos aspectos exteriores del ser íntimo y profundo del alma española; son manifestaciones fenoménicas, externas, hacia fuera, de lo que se cuece, de lo que palpita en el ánimo de los españoles, en el alma eterna de España. Sería preciso un crisol de ebullición y de pensamiento, que yo no poseo, para fundir en él todas esas manifestaciones exteriores del alma española, exprimirlas convenientemente y extraer, como una última esencia, lo que España es; no lo que ha sido ni lo que será en los tiempos, sino lo que es eternamente, fuera del tiempo y del espacio, lo que la esencia, la substancia de la españolidad significa.

Esta es una labor difícil, una labor que requiere todo un tropel de conocimientos y aptitudes que un hombre solo no puede tener. Afortunadamente, repito, la preocupación de los españoles ha sido principalmente España, desde hace muchos años. En torno a este problema, los más grandes ingenios de nuestra patria han meditado y expresado el resultado de sus meditaciones. Don Miguel de Unamuno, don José Ortega y Gasset y, anteriormente, Ganivet, y tantos otros, todos los que más o menos han colaborado a la labor intelectual de España, han pensado propiamente el problema español. ¿Será demasiada presunción por mi parte, el pedir modestamente que mi voz sea oída sobre ese problema? Quizá también pueda aportar alguna contribución que sirva para esclarecer lo que los españoles pensamos, en el fondo, de España.

Consideremos, pues, primeramente, uno por uno, esos diferentes aspectos en que se manifiesta la realidad española, para ver si encontramos en ellos algunos rasgos comunes, algunas particularidades que en todos se repitan y que nos sirvan para ponernos en camino de intentar, al menos, una definición clara, precisa, de lo que es el alma española, de lo que ha sido y de lo que puede esperar.

Y si primeramente nos enfrontamos con nuestra realidad geográfica, con nuestra querida Península, con la tierra, el aire, el sol, la luz de nuestra Península, nos encontramos sorprendidos ante el hecho de un conjunto de comarcas que se caracterizan por una enorme, increíble diversidad. En España, por lo menos, se dan cuatro regiones extraordinariamente diferentes en clima, en formas geográficas, en condiciones de vida. Pensad, si no, en el norte, en la costa cantábrica, en Galicia, en las laderas de los montes Pirineos. Allí rige la climatología del centro de Europa. Esos prados verdes, esa lluvia continua, esos vientos del norte, dan a aquella región un carácter extraordinariamente semejante al que pueden tener Inglaterra, el País de Gales, la Bretaña francesa, la Normandía, los Alpes... Pero inmediatamente que de esa región se asciende a la meseta de Castilla, nos encontramos con un paisaje y unas condiciones de vida totalmente distintas: una altiplanicie, entre seiscientos, setecientos, mil metros de altura; llanos secos, en un régimen de aridez, de viento, de sol; con un clima continental. Evoca la región central de Castilla, no las comarcas risueñas del centro de Europa, sino más bien las regiones desoladas del centro de Asia, del Tíbet. La provincia de Ávila se parece extraordinariamente a las llanuras tibetanas. Allí ha tenido que crecer una raza de hombres completamente distintos de lo que son los del Cantábrico y de las costas gallegas; allí ha tenido que crecer una raza de hombres secos, adustos, graves, místicos, arrebatados por el vendaval en la llanura infinita.

Pero después de esta comarca, tan profundamente distinta de la anterior, descendamos a Andalucía. Tendremos otro paisaje absolutamente diferente: el paisaje de los olivos, de la blandura, de las huertas florecientes, del aura templada; con una población ligera, liviana, un poco ingrávida, dada al gesto, a la fórmula teatral.

Y, por último, a todo lo largo de la costa mediterránea, lo que llamamos Levante —Cataluña, Valencia, Alicante, Cartagena—, la región también es completamente diferente: valles cortos, con torrentes que desaguan en el mar en pocas horas grandes caudales de líquido; con vegetación arrinconada entre rocas; con el baño de luz y de suavidad del Mediterráneo, todo impregnado de sabores y recuerdos de la antigüedad clásica.

Pues estas cuatro principales regiones distintas de España, donde no cabe mayor diversidad, están, sin embargo, unidas, íntimamente unidas, indisolublemente unidas en esa unidad superior que llamamos España. Por distintos que sean los gallegos de los castellanos y estos de los andaluces y de los levantinos; por diferentes que sean las comarcas y las almas, a pesar de esa diversidad, hay una unión, una unidad, un compartir el destino que la Providencia deparó a la península, un contacto de codos en la historia y en el futuro, que verdaderamente da a nuestro país, a nuestra nación, un sello inconfundible. Si en alguna ocasión puede decirse que es cierta aquella afirmación de los filósofos alemanes, que definían la realidad como la unidad de lo diverso, la unidad de lo distinto, es refiriéndola a nuestra Península, a nuestra España, que es precisamente donde esa unidad aparece más extraordinaria.

Retengamos este carácter de la diversidad geográfica, recogida bajo la unidad nacional; porque nos vamos a encontrar igualmente con otras manifestaciones del alma española más profundas, más espirituales, menos materiales que estas de la tierra.

Si consultamos, en efecto, en sus grandes líneas, la historia de España, vemos también en ella una diversidad fundamental. En primer término, la historia de España es la más larga que conoce el planeta. Parecerá arriesgada esta afirmación y, sin embargo, no lo es; porque los descubrimientos más recientes de la ciencia prehistórica han puesto de manifiesto que el lugar del planeta en donde primeramente se descubre la huella de las civilizaciones y de la cultura humana es España. Mucho antes de que España entrase en el círculo de la influencia procedente de las culturas orientales (la griega, la fenicia, la romana y la cartaginesa), mucho antes, miles de años antes, era ya España asiento de los primeros balbuceos de la humanidad. En este momento, el más interesante de todos, en que el hombre cesa de pertenecer al salvajismo animal y empieza a ensayarse en los terrenos de la creación civil, artística, las primeras manifestaciones del arte del dibujo, de los instrumentos para labrar la tierra y para aprovechar la inteligencia humana en la caza y en la pesca, esos primeros balbuceos de la humanidad se encuentran en España, en las cuevas del norte de España y de la región levantina. Ahí es donde la prehistoria ha encontrado las más remotas huellas del hombre cuaternario; y sin duda alguna de España salieron los primeros focos de esa primitivísima cultura y de España descendieron a crear, al sur de la Península, ese foco de cultura que los recientes prehistoriadores llaman la cultura almeriense. Y de ahí pasaron al norte de África, fueron corriéndose hacia Oriente; y al llegar a Oriente, al valle del Nilo, esta primera manifestación de la cultura prehistórica humana encontró el lugar más propicio para su desenvolvimiento pleno, y de prehistórica se convirtió en histórica, pues ya sabéis que la diferencia entre prehistoria e historia es un puro accidente, que depende de nuestra capacidad de adquirir conocimientos.

Así pues, cuando luego de dar la vuelta por Oriente, retornan los elementos de la cultura a España, traída por los fenicios y los cartagineses, los griegos y los romanos, estos no hacían más que devolver a España, engrandecidos, gérmenes de civilización que los españoles habían creado. Es, por tanto, España la más antigua historia, un suelo por donde han pasado pueblos de las razas más diferentes —cartagineses, romanos, griegos, más tarde germanos, luego árabes—; casi todos los pueblos de Europa y de África han puesto sus pies en España, en la cual han dejado su huella, y España ha sabido, con alma inmensa, recoger esas huellas, hacerlas suyas, para construir su propia espiritualidad.

Si consideramos ahora la labor histórica realizada por la nación española; si consideramos la misión histórica que a España le ha incumbido, desde el momento en que se constituye como nación propiamente substantiva, nos hallamos con que los dos grandes hechos, las dos más importantes hazañas de la historia española han sido, en primer término, el servir de defensa y de contención frente a la invasión árabe; en segundo lugar, el de expandir la cultura occidental europea por el Nuevo Mundo descubierto por España.

Una primera misión defensiva, una misión de baluarte. España ha sido el baluarte de Europa. Contra España se han estrellado los esfuerzos titánicos de los árabes, salvando a Europa de la invasión. Esa ha sido durante ocho siglos su magna misión. Pero después, inmediatamente, coincidiendo día por día, minuto por minuto, con el feliz término de esta misión defensiva de Europa, España toma sobre sí una segunda misión; y esta vez, no ya defensiva, sino, por decirlo así, expansiva.

En el momento mismo en que los Reyes Católicos expulsan del territorio nacional la última soberanía musulmana, en ese instante preciso, recibe Colón el encargo de descubrir el Nuevo Mundo; y España entera se vuelca en las comarcas recién descubiertas e inicia esta segunda misión expansiva, que es llevar la cultura, la civilización occidental a las nuevas tierras de allende el Atlántico.

Estos son los dos grandes, fundamentales, hechos de nuestra historia, las dos misiones que los españoles hemos cumplido preferentemente en la historia universal. ¿Cómo las hemos cumplido? ¿Qué estilo de vida hemos llevado al cumplimiento de esas misiones? ¿Qué caracteres especialísimos hemos puesto en el desempeño de esta tarea?

Nuestra labor de defensa de Europa ha durado, como digo, ocho siglos. Y bien, ¿puede considerarse, con justicia, con razón, que la Reconquista fuese, como se dice en muchos manuales de historia, un afán fundamental, primordial de los españoles cristianos?; si fuese así, ¿puede considerarse con justicia que hubiésemos tardado tanto tiempo como son ocho siglos, en llevarla a cabo? El solo hecho de que hayamos tardado ocho siglos en quitar de España los últimos vestigios de la dominación musulmana, es ya para nosotros un ejemplo del carácter especial que tenemos que dar a esa labor defensiva realizada por España. Ha sido, en efecto, una labor de defensa, el baluarte que ha salvado a Europa; pero al mismo tiempo ha sido una convivencia, una constante colaboración con la civilización musulmana. Nosotros hemos defendido a Europa defendiéndonos a nosotros mismos; pero la hemos defendido de un modo especialísimo, conviviendo con los árabes, aceptando de ellos una gran cantidad de elementos que se han incorporado a nuestra cultura, difundiendo esos elementos en el resto de Europa e introduciendo también nosotros en ellos elementos de nuestra propia cultura.

¿Pues qué? Todo el que lea la historia de esos ocho siglos de Reconquista, ¿no recuerda el modo íntimo cómo los reyes españoles y los poderosos soberanos moros han vivido siempre, a veces en estrecho contacto de alianza? ¿No encontramos a cada momento cómo reyes cristianos de España se unen con moros en alianzas ofensivas y defensivas contra otros reyes cristianos? ¿No recordáis vosotros que los dos más íntimos—por así decirlo—amigos del Cid Campeador eran dos reyes moros, a quienes aquel confía la custodia de sus hijas?

Esos ocho siglos de Reconquista no han sido, ni mucho menos, una pesadilla constante, que tuviese a los españoles acuciados por el deseo de echar de España a los moros, no; han sido ocho siglos de vida enteramente trabada con la vida de los musulmanes; han sido ocho siglos de convivencia profunda. La hostilidad existía, tan pronto como había motivos ocasionales, del interior, locales, para ello; pero el conjunto, la relación entre la cultura árabe y la cultura española ha sido una relación —y esta es la palabra— siempre caballerosa, siempre hidalga, siempre sustentada en un mutuo reconocimiento y en un mutuo respeto.

Recordad la descripción realmente pintoresca que hace Pérez del Pulgar de las batallas que se daban en torno a las murallas de Granada. Aquellas batallas eran verdaderos torneos, en donde el caballero cristiano o el caballero moro salía a la llanura de la vega montado en su caballo y retaba al jefe de sus enemigos, el cual, a su vez, se presentaba solo a luchar en combate singular de caballero a caballero. Pues símbolo de esa relación entre la cultura árabe y la cultura española, son esas figuras tan admirablemente dibujadas por Pérez del Pulgar.

El carácter, el estilo con que los españoles hemos desempeñado esa misión histórica de salvar a Europa, no ha sido un estilo imperialista, no ha sido nunca el de la guerra de conquista, de avasallamiento, sino el de oposición espiritual y material entre dos culturas, que ha ido lentamente desenvolviéndose al cabo de ocho siglos, hasta que, exhausta, al fin, por su propia decadencia interior, la cultura árabe, tuvo que ceder el puesto a la cultura española.

Si miramos ahora y observamos también el estilo con que los españoles hemos realizado la segunda gran misión histórica que hemos tenido, la misión de expandir la cultura occidental en América, encontraremos ese mismo carácter.

Se ha hablado mucho de la colonización española en América. En torno a la colonización española en América, desde hace ya algunos siglos, se ha ido tejiendo una serie de leyendas, una serie de malévolas apreciaciones, que todos conocéis, bajo el nombre bien común de la «leyenda negra». Pero, hoy día, está ya completamente destruida esa leyenda.

Los esfuerzos de los eruditos historiadores españoles, historiadores americanos, norteamericanos, ingleses, los esfuerzos de todos han puesto de manifiesto este hecho: que la colonización española en América ha sido excepcionalmente buena, caso notable en la historia de las colonizaciones; ha sido el caso único de un pueblo que se enfrenta con otros pueblos y que no pretende vivir *de* ellos sino *con* ellos; ha sido el caso de un pueblo que, al verterse en las tierras de América, confunde su propia sangre con la del pueblo indígena. Los españoles son los únicos blancos que han contraído matrimonio con indígenas, ¡los únicos! Recordad, en cambio, lo que han hecho otros países, por ejemplo, el hombre de raza inglesa, en el norte de América: la relación que han tenido con los indios ha sido simplemente la del exterminio; hoy no queda uno. Por el contrario, nosotros, desde los primeros instantes en que posamos las plantas en América, hemos llevado allí una relación de verdadera confraternidad, de convivencia auténtica; hemos ido a aquellos países a vivir nuestra vida y a que ellos vivan también la suya, pero no a vivir nosotros de ellos.

Este carácter fundamental de nuestra colonización en América, tiene también, claro está, sus quiebras y sus errores. La colonización española en América ha cometido algunos errores fundamentales, sobre todo, el de olvidar por completo la fuerza económica de alumbramiento de riqueza. Los colonizadores españoles aprovechaban las fuentes de riqueza que encontraban, pero nunca tuvieron ese acuciamiento económico mercantilista de otros pueblos, como los holandeses, los franceses, los ingleses. ¿Por qué? Pues porque al español, en general, le ha importado más vivir su vida propia que vivir una vida económicamente holgada; al español no le ha importado tanto el adquirir riqueza a fuerza de trabajo, como el vivir su vida con gesto noble, hidalgo y personal.

Puede tener sus ventajas y sus inconvenientes esta actitud histórica. Puede que en los siglos de la historia llamada moderna esta actitud nuestra haya tenido sus inconvenientes. En realidad, España, a partir de 1700 produce la impresión de un pueblo que se emboza en su capa y se retira de la lucha; da la impresión, por decirlo así, metafóricamente, de que el español, en vista de quc todos los demás pueblos se lanzaban como perros de presa a roer los huesos de la riqueza económica esparcida por el mundo, no ha querido entrar en esa lucha económica materialista, se ha envuelto en su capa y se ha apartado, a partir del siglo XVII, de las contiendas universales. Esto, naturalmente, puede ser sensible, en efecto; pero retengámoslo también como uno de los factores esenciales de nuestro carácter, de nuestra alma y de nuestro cuerpo.

Si después de haber examinado, no ya a grandes rasgos, sino en una especie de curva vertiginosa, los dos grandes hechos de nuestra historia, volvemos la vista hacia nuestra literatura, creo que también podemos escarbar en ella algún rasgo característico que la hace congruente con el resto de nuestra historia.

La literatura española ha sido llamada muchas veces, por historiadores nacionales y extranjeros, literatura realista. Si a la palabra realista, aplicada a la literatura, se le quita todo sentido peyorativo, todo sentido de menor valor, el realismo de la literatura española es simplemente el máximo respeto al ser de las cosas. Y, en efecto, nuestra literatura ha pretendido reflejar, de la manera más fiel, lo que las cosas son; nuestra literatura no ha tenido nunca ni el propósito de convertir la realidad en algo distinto de lo que es, ni tampoco, como se ha creído a veces, el de rebajar, animalizar y materializar la realidad, no; nuestra literatura ha sido fiel con cuanto contemplaba y ha pretendido ser un espejo de absoluta confianza, un espejo que reflejase las cosas tal como las cosas son: bellas y grandes o feas, bajas e innobles.

Por eso nuestra literatura es rebelde a los halagos al lector. El escritor español se avergonzaría de escribir una sola línea destinada a cosquillear el alma del lector, a halagarle, a darle por el gusto al lector. Por el contrario, la literatura española presenta al lector las cosas como son, y allá él que elija.

Prototipo de ello es el libro supremo de nuestra historia de la Literatura: *Don Quijote*, representación simbólica de los dos extremos de toda realidad.

Toda realidad tiene, en efecto, esos dos polos: el polo del ideal y el polo de lo material. Toda la realidad humana, si humana es, se caracteriza porque en todo hombre, por poco hombre que sea, hay un elemento de ensueño, de aspiración o de tiro hacia arriba, y también otro elemento de carne, de materia, de necesidades materiales que hay que satisfacer. Esos dos elementos, sacados uno de otro, concentrados simbólicamente en las dos figuras de Don Quijote y Sancho, desenvueltos con toda la plenitud de la vida en las múltiples vicisitudes de una existencia tormentosa, esos dos elementos están representados por Cervantes con toda su pureza, con la más plena y absoluta objetividad.

Notad que Cervantes es el único humorista sin hiel, que no hace sangre. Leed el *Quijote* y decidme si, al cabo de unas cuantas páginas, no sentís, no ya admiración por Don Quijote, sino cariño, amor por él, y no ya benevolencia hacia Sancho, sino entrañable cariño también, porque los dos satisfacen plenamente estados de nuestro ser, porque los dos llenan íntegramente necesidades de nuestra naturaleza humana, la cual es ensueño algunas horas y es otra realidad material. Y Cervantes no ha levantado su látigo, no ha hecho sangre en los idealistas ni en los materialistas, sino que ha pintado los dos extremos con amor, con cariño, con una melancolía mezclada de tristeza, que a algunos espíritus profundos les produce una emoción punzante.

Hay quien en la lectura del *Quijote* se siente próximo a verter lágrimas. Recordaré simplemente la confesión que nos hace el ilustre escritor alemán Heine, que, cuando de niño, leía el *Quijote*, se iba a llorar a un rincón por lo mucho que le emocionaba.

Pues bien, ese contraste entre dos tipos tan distintos reunidos en un común abrazo, esta tolerancia del escritor, que se queda detrás de la cortina y presenta los dos personajes con plena objetividad, ¿no es también, en nuestra literatura, un rasgo parejo al de la generosidad y caballerosidad de nuestra colonización en América o al de esa lucha de ocho siglos con un enemigo a quien respetamos y aún queremos?

Seguimos encontrando, pues, en las diversas manifestaciones del espíritu español alguna cosa vagamente común a todas ellas. Esta palabra de unidad de lo diverso, tolerancia, convivencia, irá precisándose cada vez más, porque si después de la literatura nos fijamos también en nuestra lengua, en la materialidad de las palabras que constituyen el habla española, encontraremos asimismo en este idioma, forjado por nuestra alma a lo largo de los siglos, algunas características interesantes.

¿No habéis reflexionado nunca sobre el hecho extraordinario de que la expansión de nuestro idioma no corresponda a la extensión de nuestro país? ¿No habéis notado muchas veces el contraste enorme que existe entre el hecho de que nuestro idioma sea, después del inglés, el más hablado del mundo y, sin embargo, nuestra nación sea una de las más pequeñas entre las grandes naciones? Que el idioma inglés sea el más hablado en el mundo no tiene nada de particular. Inglaterra posee un imperio que se extiende por todo el orbe. Pero que el español, cuando España está reducida casi a los estrechos límites de la península ibérica, sea, después del inglés, el idioma más hablado del mundo, es algo extraordinario. ¿Qué virtud tiene este idioma dentro de sí para poder resistir victoriosamente los embates que, en América, por ejemplo, tiene que resistir de otros idiomas, el francés y el italiano? ¿Qué virtud tiene nuestro idioma que así lo eleva por encima de otros? Pues tiene una virtud muy especial, y es que nuestro idioma es el que más plenamente está adecuado a lo que pudiéramos llamar la esencia de lo humano; nuestro idioma está alejado, en su estilo, en su fonética, en su construcción gramatical, en su vocabulario, tanto del exceso como del defecto; está en el justo término de la humanidad. Otros idiomas pueden tener una musicalidad especial, un mayor agrado para el oído, sonoridades que hagan estremecerse de deleite a quienes lo oyen cuando se pronuncian bien y suavemente; o bien otros idiomas pueden poseer la facilidad extraordinaria de lanzar chisporroteos de fuegos artificiales que impresionen hondamente el capricho de la fantasía; acaso otros puedan, en fin, tener fórmulas más enérgicas, más contundentes o más duras para expresar lo que se quiera de un modo radical; pero no hay ninguno que tenga, como el español, ese dominio absoluto de la región media del pensamiento y de la acción humanos, hasta el punto de que pueda afirmarse con razón que la lengua española es la más propia para dirigirse al hombre. Y ya Carlos V, de los distintos idiomas en que podía expresarse, decía que para hablar a los ángeles empleaba el italiano, para hablar a las mujeres lo hacía en francés y para hablar a los caballos en alemán; pero que usaba el español para hablar a los hombres.

Si recordáis, por otra parte, una observación interesante y curiosa del escritor italiano Baltasar de Castiglione, en su libro *El Cortesano*, vendrá a nuestra memoria la escena en que las damas y los caballeros están discutiendo sobre cuál será la indumentaria, la moda de vestirse más perfecta. Unos proponen la moda francesa, llena de colorines, de cintas de forma barroca; otros proponen la moda alemana, más bien pobre, tosca y poco elegante; otros la italiana, llena también de fantasías y un poco con tendencia al afeminamiento; pero acaban por ponerse todos de acuerdo en que la moda preferible es, para el vestido masculino, la española, por ser esta la que se halla en el justo término entre el exceso de frivolidad y el exceso de sobriedad. La moda española, con su corte elegante y terciopelo negro, su figura sobria y al mismo tiempo refinada, es la que los cortesanos de Baltasar de Castiglione prefieren para los trajes de hombre. Para los de mujer... por lo visto ya entonces había en Francia modistos, y prefieren la moda francesa.

Todos estos datos, todas estas observaciones que podemos ir haciendo en los diferentes aspectos con que se ha ido manifestando la índole del alma española, nos ponen un poco ya sobre la pista de por donde debiera ir nuestro esfuerzo de meditación para llegar a una definición, siquiera sea aproximada, de lo que es la índole del alma española. Vamos a intentar esa definición; es un simple intento y yo pido mil perdones por la insuficiencia del mismo.

El problema es muy difícil para que pueda resolverse en poco tiempo; y lo que podemos esperar es únicamente que las definiciones vayan siendo cada vez más acertadas, cubriendo con mayor exactitud el objeto a definir, hasta que lleguemos a darnos cuenta plenamente de lo que los españoles sentimos.

Se trata, pues, ahora, de definir la esencia vital española. Definir una esencia vital requiere ante todo preguntarse cuál es la voluntad profunda de esa esencia vital.

Entiendo por esencia vital algo muy sencillo. En primer lugar, una esencia vital es cada uno de nosotros: yo soy una esencia vital, cada uno de vosotros es una esencia vital; es una vida, pero también una esencia vital. Son unidades de vida, puntos de vida, aquellos que denominamos pueblos, naciones, culturas. Indudablemente, a lo largo de los muchos siglos que dura la cultura egipcia, esa cultura es la manifestación, tendida en el tiempo, de una esencia vital, de una unidad vital colectiva, un alma vital; ni más ni menos que yo, ni más ni menos que cualquiera de vosotros es, a lo largo del tiempo, durante los sesenta o setenta años de vida, la manifestación, la exteriorización, hacia fuera, de un alma vital, de un punto de vitalidad que cada uno es.

Del mismo modo, la cultura griega nace en un momento determinado —pongamos ocho siglos antes de Jesucristo— y perece, en un momento determinado también —pongamos cuatro siglos después de Jesucristo—, y durante esos doce siglos que dura la vida vital griega, toda ella es la exteriorización de un alma vital, de una esencia vital. Lo mismo podemos decir de la cultura romana, de la nación francesa, también de España.

Tenemos, pues, ahora que resolver el problema de definir esa esencia vital española, y para definir cualquier esencia vital, no ya la española o la rusa, sino la de cualquier persona, individuo o colectividad —lo mismo da—, lo más importante de todo es llegar a darse cuenta de lo que esa esencia vital quiere; no de lo que es, sino de lo que quiere la voluntad. El querer es lo que define más profundamente a cada uno de nosotros. Porque ninguno de nosotros llega a identificar su íntimo ser con el accidente que, al transcurrir el tiempo, acontece dentro de ese ser. Porque si yo tengo una pena, yo no soy mi pena, sino que mi pena está en mí, pero yo soy algo distinto de ella; si yo tengo alguna facultad desarrollada —la memoria, por ejemplo—, esa facultad que yo tengo no soy yo, sino que yo soy algo que tiene esa facultad; si yo tengo riquezas, no soy yo, sino algo que tiene esas riquezas. El cuerpo que tenemos, a veces con harto dolor nuestro porque quisiéramos tener otro, no somos nosotros, sino que somos algo que tiene ese cuerpo.

Esto viene a cuento de que, en resumen, lo que efectivamente somos no es sino lo que quisiéramos ser, y lo que define propiamente nuestra intimidad profunda, no es lo que somos sino lo que queremos. Nuestra voluntad de ser es la definición más propia de nuestro ser. Y lo mismo que acontece con el individuo acontece con la cultura.

Una cultura no es lo que ha hecho, sino lo que hubiera querido hacer; una cultura no es lo que materialmente representa en la historia, sino lo que hubiese querido representar. Así pues, hemos de definir cada cultura, cada esencia vital, por su voluntad de ser, no por lo que es efectivamente o por lo que ha sido, sino por lo que quiere ser.

Preguntemos entonces qué es lo que quiere el alma española, no lo que es, sino lo que desea, lo que apetece. Y nos encontramos con que otras almas, en la historia, quieren, por ejemplo, mandar. El alma latina se define propiamente por el deseo de mandar, y toda la historia de Roma no es más que un esfuerzo titánico por mandar. Encontramos también que el alma griega quiere ser aplaudida por los demás, le gusta impresionar a los demás, darse en espectáculo, y los doce siglos de la cultura griega no son más que un formidable esfuerzo por representar, por presentarse en gestos bellos y gallardos ante el resto del mundo. Nos encontramos asimismo con que otras almas quieren vivir bien, ganar dinero, comer bien, pasarlo confortablemente. Y, por fin, nos encontraremos con otras almas que quieren divertirse, pues hay pueblos enteros que pueden definirse como el deseo de divertirse, de pasarlo bien.

Pues ninguno de esos quereres es el querer del alma española; el querer del alma española, si no nos equivocamos en el relato histórico que hemos hecho hasta ahora, es la afirmación de una dignidad moral; lo que el alma española quiere es un mundo en donde cada alma, sea la que sea, lo sea con dignidad moral; no quiere mandar en los demás, ni tampoco cogerles su dinero ni sus bienes, pero sí ser ella, autonómicamente, plenamente, digna, imponer respeto (y abundantemente hemos impuesto respeto en nuestra historia e imponemos respeto con nuestra presencia actual en el mundo), porque puede decirse de nosotros en la historia que hemos sido torpes, que no hemos alumbrado riquezas en América, que nos hemos abstenido de convertir en emporio comercial nuestras colonias, que no hemos impuesto nuestra voluntad férreamente sobre pueblos a quienes hemos vencido; pero nada de eso queríamos nosotros, y si no lo queríamos hacer ¿por qué se nos tacha de no haberlo hecho, puesto que no queríamos hacerlo?

Una cosa ha querido el español: que no se rían de él, imponer respeto a su dignidad moral, porque él tampoco le falta al respeto a la dignidad moral de otros, cuando estos otros han vivido en la Península, como los árabes, o aquellos pueblos a los que no hemos desplazado al salir del suelo ibérico; por eso, nunca, ningún pueblo que ha vivido con el español se ha sentido vejado en su dignidad moral, ni nosotros nos hemos permitido vejar a nadie.

Esta idea de la dignidad moral, que está simbolizada en lo que se ha llamado siempre el orgullo español, está cifrada en que decía hace un instante: que los españoles, a partir del siglo XVII, se han apartado, por decirlo así, de la competencia materialista universal, porque no querían intervenir en un mundo que se dedicaba a correr tras las riquezas; y el español se ha apartado de esa vorágine de naciones lanzadas en pos del interés económico. Y ese gesto de apartamiento lo ha adoptado, no por importancia, que jamás hemos tenido, sino por un profundo sentido de dignidad moral.

Yo deseo fervientemente que pueda llegar un momento —y creo que no está muy lejos— en que el mundo entero se convenza de que el gran motor para el futuro, en las contiendas y relaciones entre los pueblos, y aún dentro de la propia nación, tiene que dejar de ser el del interés materialista. Y no lo digo simplemente por elevación, por idealismo de filósofo; lo digo porque están poniéndose las cosas en el mundo de tal manera, que se está empezando a ver claramente que, si sigue siendo el resorte económico, la carrera en pos de las riquezas, para el interés material, lo que rija los destinos de las naciones, iremos a despeñarnos en la ruina moral y material. ¿Por qué? ¿No está cerca el ejemplo de la guerra europea y de las consecuencias que ha tenido? ¿No se aprecia esto en las inextricables dificultades exteriores e interiores en que se encuentra el mundo, precisamente porque el único norte, el único guía que tienen los países y las políticas, es el bajo interés materialista del comercio, del acaparamiento, de la lucha por toda clase de intereses?

Pero hay algo más grave para la próxima y futura historia de Europa; y es que Europa, en todo el siglo XIX, ha sido, en la tierra entera, la que ha mandado, porque imponía a los demás países de otros continentes, respeto; no solo por su riqueza, sino también por su técnica y por su civilidad. Imponía respeto Europa al resto del mundo. Pero ahora empieza a no imponer respeto a nadie; Europa ya no es respetada por el resto del mundo, ni en Asia, ni en África, ni en América. Ya Europa ha caído de su pedestal, y no impone respeto a los demás continentes, y esto es algo gravísimo, pues de seguir como hasta ahora, cada vez menos impondrá respeto; dicho vulgarmente, cada vez más se le subirán a las barbas los demás continentes.

Se ha hablado mucho del error que ha cometido Europa de enseñar la técnica europea a los otros continentes; no es ese el error cometido; el verdadero error cometido por Europa ha sido el de no acompañar constantemente esa civilización de la técnica europea con una actitud digna de imponer respeto.

Pues bien; si Europa quiere salvar su posición preeminente en la historia universal futura, tiene que pensar en cambiar completamente de conducta. Hay algunos espíritus previsores —y los cito porque pertenecen a la política llamada realista— que se dieron cuenta de este estado de cosas. Así, por ejemplo, no me negaréis que era un hombre realista el difunto presidente del Consejo francés, Mr. Briand. Briand vio bien el problema y abogaba por una unión, más que aduanera, por una Confederación de Estados Unidos de

Europa, fundada exclusivamente en una relación moral y no económica; porque veía bien que este era el único camino por el que Europa podía mantener en la historia del mundo el puesto preeminente que ha mantenido en tantos siglos. De otro modo, está perdida; más es probable que las circunstancias de la política internacional y de las políticas nacionales de cada país, impongan a los hombres el pensamiento de que la única salvación es con una política moral. Y entonces, señores, si esto acontece, España estará en primera fila. Desde el momento en que los valores materiales no tengan, como tienen hoy, el primer puesto, sino que sean los valores morales, los valores de dignidad, de tolerancia, de respeto mutuo —esa relación que se simboliza en el cuadro de *Las lanzas*, de Velázquez, en donde Espínola tiende la mano caballerosamente al enemigo vencido— desde el momento en que esta cualidad y esta idea de dignidad moral, personal y colectiva, se imponga en las relaciones entre los pueblos y dentro de las políticas de cada país, España estará en primera fila, porque será el mundo entero el que venga a colocarse en el terreno mismo en que España ha venido colocándose desde que existe como nación. Entonces, España, pobre de riquezas, será rica de perfecciones morales; porque no solamente en las relaciones entre los pueblos, sino también en la política interior de cada país, no veo por ninguna parte otra posibilidad de orientación clara que la orientación de la pura y simple moral. Pensad un momento, vosotros que conocéis bien las circunstancias políticas interiores de nuestro país, pensad lo que sería España si las diferencias de credos políticos, las más extremas, quedasen supeditadas a esta principal y fundamental idea: una política moral; que los puestos, los cargos, la marcha de los negocios estuviesen regidos por una opinión pública, atenta, no al acierto o al fracaso técnico del gobernante, sino principalmente a su actitud moral.

Solo esto daría por resultado un cambio formidable en la marcha de nuestros negocios públicos. Luego, tras de esto, vendría seguramente el acierto, porque entonces la elección sería juzgada desde un punto de vista moral.

Pues bien: si en el futuro de nuestro país y de las relaciones internacionales acaba por imponerse una orientación que, al fin, cambie la marcha que han llevado hasta ahora los negocios públicos, y encamine los esfuerzos de los hombres en un sentido de dignidad moral, España, así lo creo, estará situada en el primer plano, porque entrará su política y la política internacional en unos mismos cauces, que son los que nuestra raza, con una voluntad profunda, superior a todas las vicisitudes históricas, ha manifestado siempre.

Esta historia de España nuestra, tan variada, tan diversa; este idioma nuestro, nos ha hecho ver, palpitando en el fondo del ser español, la afirmación de la dignidad propia, de la seriedad moral, España es el país de la hidalguía; la cultura española es la cultura de los hidalgos. Si algún día entrara la política mundial por ese camino, el país de los hidalgos estaría llamado a representar en el mundo un papel preeminente. Yo profundamente lo deseo, como lo deseamos todos los hombres de bien que vivimos en España y nos hacemos solidarios de las virtudes de nuestros antepasados y queremos continuarlas en nuestros hijos. No queremos para nosotros un vano tradicionalismo nacionalista, que conserve las formas en que se plasmó el pasado; se trata de una virtud formal de la raza española, de una virtud que, con las más diferentes manifestaciones materiales, se ha exteriorizado siempre en nuestra historia; es que la afirmación de la propia dignidad es el único asidero para nuestro futuro y el futuro de la humanidad, y yo espero confiadamente que para España, el porvenir, la esperanza, haya de ser halagüeña, haya de ser fecunda, haya de ser gloriosa.

IDEAS PARA UNA FILOSOFÍA DE LA HISTORIA DE ESPAÑA

Excelentísimo señor, señoras, señores:[1]

Siempre es tiempo y ocasión oportunos para pensar en Dios y en nuestra alma. Pero hay momentos de la historia que parecen expresamente dispuestos por la Providencia divina para que con más ahínco, con más gravedad y profundidad, enderecemos nuestra mirada hacia lo alto y pidamos al cielo protección y amparo. Dios envía a su inescrutable antojo la bonanza y la tormenta. Mas durante los períodos de bonanza que, a veces, concede Dios a la humanidad, el hombre sucumbe fácilmente a la tentación de creer que el paso lento y regular de los acontecimientos, en una normalidad ecuménica, no es obra de Dios, sino efecto de leyes naturales de la historia, de la sociología, de la psicología, de la economía. El orgullo del hombre llega a veces —sobre todo en tiempos de próspera regularidad— al extremo de olvidar que la suprema dirección del transcurso histórico pertenece a Dios, y creer que la vida de los hombres —tanto la individual, como la

[1] Discurso pronunciado en el acto de apertura del curso académico en la Universidad Central de Madrid el 8 de octubre de 1942.

colectiva— puede quedar íntegramente determinada por las averiguaciones científicas que obtiene el ejercicio metódico de la razón. Pero un día, de pronto, en el horizonte sereno, aparecen densos nubarrones de tormenta. Estalla el conflicto, sobreviene la crisis. La vida —la vida de cada hombre en particular como la vida nacional y aun la vida de toda la humanidad— se hace angustiosamente problemática. Las leyes de las ciencias sociales, morales, jurídicas, económicas, esas leyes naturales de que tan ufano se sentía el hombre, revélanse imprecisas, ineficaces, insuficientes, falsas. El hombre —que se imaginaba timonel omnipotente de su propio destino— vese de pronto náufrago en un mar de incertidumbre e incapaz de prever y preparar el futuro más inmediato. Los acontecimientos se precipitan. Vívese en pocos días mucho más y más intensamente que antes se viviera en años. Lo inesperado acontece. Lo que razonablemente podía esperarse no se realiza. La muerte ronda en torno nuestro, nos acecha y cae sobre nosotros como el tigre sobre su presa. Dijérase que la vida se encajona en estrechuras de torrente y catarata y que la historia acelera su curso, rindiendo en pocos años, y aun en pocos meses, trayectorias que, en otros períodos, hubiera necesitado para recorredlas decenios y aun acaso una evolución secular.

En estos momentos es cuando el hombre vuelve la vista a Dios. El angustioso espectáculo de su pequeñez y de su impotencia le remite al origen de toda grandeza y de toda fuerza. El vendaval que sacude las altas construcciones humanas sobre la faz de la tierra enciende o reaviva en la intimidad de las almas —de muchas almas— la llama clara de la fe, de la serena esperanza y del amor a Dios. ¡Gracias sean dadas a la insondable Providencia, que en estos períodos de probación consiente los males para extraer de ellos muy mejores bienes y a veces, para enderezar el curso torcido de muchas vidas, tanto de individuos como de naciones!

Necesidad de una filosofía de la historia de España

Pero esta gracia de meditación que Dios concede a los hombres en los períodos turbulentos de la historia; esta gracia de íntima conversión hacia lo eterno en los momentos más trágicamente efímeros de lo temporal, no solamente devuelve al hombre a los brazos amados del Buen Pastor, sino que también puede orientarle —si la aprovecha convenientemente— en la búsqueda de un camino firme sobre la tierra. La elevación del alma a Dios no implica enajenación de la humanidad. Al contrario, predispone y prepara eficazmente para la acción concreta en el mundo, porque imprime en el pensamiento una idea más clara de lo que debemos ser y hacer: y en la voluntad, una resolución más enérgica de serlo y hacerlo. La oración —es decir, el descenso del alma al fondo de sí misma en busca de Dios— nos pone en contacto con nuestra más íntima y propia esencia; nos descubre nuestra personalidad más auténtica; nos hace ver lo que en última realidad somos y queremos verdaderamente. Ahora bien; la acción humana más eficaz y fecunda en esta vida terrestre es también la que nace de los más hondos y propios senos de nuestra persona —aquellos a que descendemos solamente en la oración y meditación—. Lo que tuerce, malogra y aniquila las vidas de los hombres es la infidelidad —la traición a Dios, la traición a sí mismos, la traición a la patria—. La oración, empero, conduciéndonos a través de las estancias del alma hasta la última y más recatada, en donde mora latente, pero siempre operante, nuestro mejor y más verdadero yo, nos disuade de las actividades superficiales y falsas y nos invita con dulce tenacidad a la acción verdadera, llena de forma propia y de estilo auténtico.

Mas dentro de esa profunda persona, que somos cada uno de nosotros, hállanse fundidos en la indiscernible unidad del sujeto metafísico dos elementos de orden diverso: nuestra personal relación con Dios y nuestra personal relación con los demás hombres; el amor de Dios y el amor del prójimo. El primero, o sea nuestra relación con Dios, encuentra su órgano concreto en el culto, o en los sacramentos, en la enseñanza y disciplina de la Iglesia. El segundo, o sea nuestra relación con los otros hombres, encuentra su órgano concreto en la familia, en la sociedad, en la patria. Aristóteles definía al hombre como «animal político». Habría que añadir a esta definición, para tenerla completa, que ese animal político es, además, hijo de Dios. A los dos ingredientes de nuestra personalidad, al humano y al divino, ha de descender, pues, nuestra oración y meditación, para inquirir en el fondo de nuestra alma, cuál sea la voluntad de Dios en cada caso de nuestra vida y ponerla en práctica, realizando así con plenitud de autenticidad nuestro propio y más inequívoco ser personal. Porque lo que somos, lo somos en Dios y en la sociedad humana; y nuestra persona desenvuelve su entidad histórica en el comercio esencial con esas dos fuentes, de donde se va nutriendo día por día. La oración y meditación —a que nos empujan con más insistencia que nunca estos períodos dramáticos de la historia como el que desde hace algunos años atravesamos— ha de consistir, por lo tanto, en poner cada vez más en claro nuestra relación con Dios y con los hombres.

Ahora bien; nosotros somos españoles. Nuestras relaciones con los hombres se desarrollan, necesariamente, en el ámbito de la nación, de la patria española. Pertenecemos, por esencia, a esa unidad histórica que se llama España. Lo que somos, lo somos en España y por España; es decir, que todo lo que nuestra persona contiene de espíritu terrenal y humano lo ha recibido del organismo histórico en el cual la Providencia nos ha hecho nacer. Nuestra vida, el despliegue de nuestro ser personal en el tiempo, ha de consistir, pues, necesariamente, en una continua correlación con esa superior unidad, que es España, y en cuyo seno cobijados hemos nacido, vivimos y moriremos. La patria, de continuo, nos da nuestro ser; nosotros, de continuo, merced a nuestra acción, damos vida histórica a la patria.

Y una de dos: o esa correlación de la persona individual con la patria se anquilosa en un automatismo inconsciente, en un sistema mecánico de reacciones sentimentales y habituales, o esa correlación se construye sobre una decisión clara, consciente, tomada con plena, luminosa deliberación, en acto decisivo de la voluntad. ¿Por cuál de las dos posibilidades vamos a decidirnos nosotros, universitarios, hombres dedicados por vocación al ejercicio de la inteligencia? Es evidente que nuestra misma definición profesional nos obliga más que a nadie a la claridad intelectual en toda nuestra vida. Nuestro patriotismo no puede, no debe ser el adorable pero ciego sentimiento que mueve en sus reacciones al hombre rudo, de escasa o nula formación mental. En toda alma humana, incluso en la del más refinado intelectual, hay, sin duda, una gran porción de elementos automáticos, mecánicos, que actúan sin haber sido previamente depurados por un esfuerzo consciente de esclarecimiento espiritual. Pero justamente el hombre de meditación se distingue de cualquier otro tipo humano por el afán más o menos eficaz de dar a la sustancia de su alma la mayor posible claridad —claridad en los propósitos, claridad en las motivaciones, conciencia clara de los sentimientos que accionan la conducta—. Mas nosotros, universitarios, somos principalmente hombres de meditación. ¿Qué menos podemos hacer que meditar alguna vez seriamente sobre los motivos de nuestro patriotismo, sobre las obligaciones que la patria nos impone, sobre la orientación que a nuestras vidas personales imprime el hecho de ser españoles y de amar a España más que a ninguna otra cosa del mundo? Pero esta meditación supone, por otra parte, en nosotros, un conocimiento de lo que España es. Y España no es solamente lo que hoy es, sino también, y sobre todo, lo que ha sido. El ser de una nación está constituido por su pasado, su presente y su porvenir, porque la realidad nacional es del orden espiritual, no material, y su esencia se cierne por encima de la línea del tiempo, en que va realizándose poco a poco. Nosotros, universitarios, hombres dedicados a la meditación intelectual, si queremos —y necesariamente debemos querer— poner en claro nuestra correlación con la patria española, necesitamos, ante todo, formarnos una idea inequívoca de la historia de España y de lo que esa historia significa, es decir, extraer de la historia de España su sentido. Ahora bien, el sentido de la historia no es otra cosa que lo que generalmente se llama filosofía de la historia. Necesitamos, con urgencia, una filosofía de la historia de España. La generación que actualmente forma la vanguardia, en la marcha histórica de España, necesita fundar su incoercible espíritu de acción renovadora, en una idea clara de lo que España es, de lo que la España eterna es; necesita apoyar todos sus esfuerzos en una auténtica filosofía de la historia de España. Y nosotros, los hombres de pensamiento, los universitarios, estamos obligados a dársela. Esta es, sin duda, la más alta y valiosa contribución con que, desde nuestros cuartos de trabajo, podemos colaborar al advenimiento de la España nueva.

Por todas estas razones, he pensado que acaso no fuera inoportuno ofrecer aquí, al comienzo de un nuevo curso académico, la exposición de algunas ideas susceptibles de iniciar la estructura de esa tan necesaria filosofía de nuestra historia. Lejos de mi ánimo el arrogante propósito de presentarlas como un todo acabado y perfecto. Por el contrario, las someto a vuestra consideración como lo que propiamente son: como ensayos y tanteos provisionales, ocurrencias propias, probablemente mal fundadas, pero que quizá puedan servir a modo de ponencia para ulteriores discusiones, mejoras y perfeccionamientos.

I. Prolegómenos generales sobre filosofía de la historia

La filosofía de la historia de Hegel

La sensibilidad histórica es una de las más propias características del hombre contemporáneo. Empieza a desarrollarse en los últimos años del siglo XVIII, da frutos ya robustos y sabrosos en la primera mitad del siglo XIX y llega en la época actual a un espléndido desenvolvimiento, que hace de la historia la ciencia típica de nuestro tiempo.

La sensibilidad histórica se inicia como reacción frente al árido racionalismo revolucionario. Los hombres del siglo XVIII, nutridos en las rigurosas demostraciones de la matemática, de la física, de la metafísica, habíanse empeñado en juzgar también las instituciones sociales, las formas de vida, con el criterio de la más estricta racionalidad. En consecuencia, oponían a las realidades humanas, que las generaciones les habían legado, una negativa rotunda, fundándose en el carácter absurdo, irracional, ilógico, que la herencia del pasado humano arrastraba consigo. Quiso hacerse entonces de la *razón pura* la única rectora y gobernadora de la vida. Y surgió en el mundo el espíritu revolucionario, que no es otra cosa que el pueril empeño de racionalizar de una vez para siempre las formas irracionales de vida legadas por las generaciones anteriores.

La lucha contra este racionalismo esquemático y revolucionario despertó, empero, en los hombres, el sentido de lo histórico. A la *razón pura* se opuso la veneración de la historia. Al esquema geométrico se opuso la belleza del pasado. A la revolución se opuso la tradición. Y las mentes comenzaron a acostumbrarse poco a poco al pensamiento histórico. El cambio radical del punto de vista alcanza su más aguda expresión en el sistema filosófico de Hegel, el cual logra el increíble éxito de «historificar» —por decirlo así— la razón misma, o sea de convertir la razón pura en pura historia. La contraposición entre razón e historia, entre revolución y tradición, queda superada por Hegel merced a su idea de la razón histórica o de la tradición racional: la razón sería por esencia dialéctica, es decir, consistiría precisamente en un pensamiento sucesivo, temporal, y los acontecimientos de la historia humana no serían otra cosa que la manifestación concreta, extrema, visible y narrable, del proceso interno de la razón, en el despliegue de su necesidad dialéctica. ¿Quién no advierte en esta inaudita hazaña de Hegel un nuevo producto del afán tan moderno por secularizar la vida? Ya la filosofía de los siglos anteriores —XVII y XVIII— había iniciado este afán y lo había orientado hacia un sistema de racionalismo perfecto, que llegó a anular toda distinción entre la naturaleza y la gracia. Pero todavía el acontecer en el tiempo, la sucesión y vicisitudes de los hechos humanos, quedaban fuera de esa naturaleza racionalizada; todavía la historia seguía siendo un escándalo para la razón pura, que no podía someter a sus principios las irregularidades de la vida humana. Hegel fue quien dio el paso decisivo. Hasta Hegel los intentos por extraer el sentido de la historia no habían logrado desasirse del inevitable providencialismo que Bossuet magníficamente pregonara. A partir de Hegel, fue ya posible una filosofía de la historia sin Dios.

Y, en efecto, a partir de Hegel se han intentado los más variados recursos para constituir la filosofía de la historia sin Dios. La escuela hegeliana ha dado a luz abundantes sistemas de la evolución histórica. Paralelamente, empero, la investigación científica, despreocupada de todo problema filosófico y atenida a la fijación de los hechos, ha caminado durante los ochenta últimos años con paso de gigante. Las sombras misteriosas que encubrían el pasado de la humanidad han empezado a desvanecerse al soplo enérgico de pacientes y concienzudos investigadores. El espectáculo maravilloso del pretérito se ha ido organizando lentamente en cuadros de clara visualidad. Comparad cualquiera de las viejas historias con cualquiera de las más recientes, y quedaréis pasmados del enorme aumento que en tan breve tiempo ha logrado el conocimiento concreto de los hechos pasados.

¿Puede decirse otro tanto de los esfuerzos por obtener una interpretación filosófica de la historia? No sólo no puede decirse otro tanto, sino que el fantástico progreso de la pura investigación histórica ha sido justamente el que ha puesto más en evidencia la increíble pobreza de los resultados que la filosofía hegeliana ha obtenido en sus intentos de racionalizar la historia. Sustituir la Providencia divina, con su dimensión de infinita fecundidad, por un esquema racional más o menos ingenioso es como matar la vida o como reducir a geometría la riquísima variedad de las formas naturales. Por amplias y flexibles que sean las mallas del esquema racional, nunca podrán caber en ellas las inimaginables posibilidades que se nos ofrecen en la realidad histórica. El espectáculo de los intentos —siempre repetidos, siempre fracasados— de la filosofía moderna por reducir la historia a sistema debiera ser por sí sólo una como prueba experimental de la imposibilidad del empeño. Mas séanos permitido apuntar aquí dos razones que, a nuestro parecer, infirman de antemano todo intento de construir un sistema racionalista de la historia.

No hay sistema de la historia

La primera razón es que la racionalización de la historia se propone, en realidad, un imposible: pretende dar a la historia un carácter que la historia no tiene de suyo, quitándole, en cambio, un carácter que constituye su propia esencia. La historia es, por esencia, vida; es decir, tiempo. La temporalidad constituye su elemento primordial. Los acontecimientos son de suyo fluyentes, son de suyo cambiantes en la duración. Pero la filosofía racionalista de la historia aspira a sistematizar el acontecer. El empeño es contradictorio. Un acontecer sistemático no es acontecer histórico. No puede haber historia de las trayectorias que recorren los astros o de los eclipses de sol, justamente porque éstos son sucesos sistematizados, es decir, ahistóricos. No puede haber historia de las vidas de los animales —por ejemplo, del elefante—, porque la vida del elefante está sistematizada en las leyes de su especie. Eso es lo que la hace ahistórica. Si la historia pudiese reducirse a sistema, dejaría de ser historia para convertirse en una como astronomía o biología de la existencia humana. Y el más consecuente y sincero de los epígonos de Hegel, Osvaldo Spengler, proclama, en efecto, sin rebozo, que la historia de la humanidad se reduce a una anatomía y morfología comparada de esos ingentes organismos vivos que él llama culturas. Lo mismo podríamos decir de cualquier otro intento de sistematizar racionalmente la historia. Necesariamente conduce a «deshistorificar» la historia, es decir, a reducir la historia a otra realidad no histórica, por ejemplo, la económica (Carlos Marx) o la geográfica (Taine), o la ética de los valores (Rickert), o la sociológica (A. Comte).

Ahora bien, ese empeño de *reducir* la realidad histórica a otra realidad no histórica, está a su vez fundado —y ésta es la segunda razón de que antes hablaba— en un prejuicio filosófico que actúa más o menos explícito en todos los sistemas derivados del idealismo cartesiano. El prejuicio, a que me refiero, podría llamarse principio de la realidad única. Consiste en suponer que todos los objetos que se ofrecen a la contemplación y estudio del hombre son formas en apariencia diferentes, pero en el fondo idénticas de una y la misma realidad. Según esto, el esfuerzo propio del conocimiento humano habría de consistir, en efecto, en descubrir esa única realidad, que se ofrece a nosotros en formas diferentes; y el mayor éxito que el estudio científico de un objeto pudiera alcanzar sería el de *reducirlo* a otro más simple y ya conocido. Así, la regla más segura y característica del método científico, que expone Descartes, consiste en dividir los problemas, en reducir lo complejo a lo simple, hasta llegar a los elementos evidentes, que son propiamente los elementos de la realidad matemática. El principio de la realidad unívoca postula, pues, que toda la realidad es en el fondo matemática, pura extensión y movimiento, y exige que los objetos de investigación sean estudiados y contemplados en el sentido de reducirlos lo más posible al ideal del conocimiento matemático, en el cual la realidad se nos ofrece desnuda y tal como verdaderamente es. La *Crítica de la razón pura*, de Kant, es el más profundo esfuerzo hecho por la inteligencia humana para presentar en forma plausible esta concepción que considera el conocimiento como un proceso infinito de aproximación al ideal de la realidad matemática. Y así, la ciencia positiva moderna, impulsada desde el siglo XVII por ese mismo principio, ha intentado siempre —con más o menos fortuna— reducir la física a matemática, la química a física, la biología a química, la psicología a biología, la historia a psicología —o a biología— o a pura lógica. Siempre la regla ideal del pensar racionalista o idealista ha consistido, pues, en reducir una esfera compleja de la realidad a otra más simple. Y en ello justamente se ha cifrado muchas veces el carácter propio del pensamiento científico.

Pero ese prejuicio de la realidad unívoca es, en efecto, un prejuicio. Sus consecuencias —si llegaran a hacerse efectivas— serían la desolación universal de nuestra imagen del mundo. Si ese proceso de reducción tuviese lugar efectivamente; si la humanidad se redujese a vida biológica y la vida biológica se redujese a sistemas físico-químicos, y los sistemas físicos se redujesen a mecanismos, y los mecanismos se redujesen a ecuaciones matemáticas, entonces el espectáculo del mundo perdería toda su variedad y multiplicidad cualitativas. En el mundo matemático del idealismo racionalista no habría ni colores, ni sabores, ni olores, ni variedad de cuerpos, ni diversidad de vivientes, ni fines, ni propósitos, ni bondad, ni belleza, ni, en suma, eso que precisa y justamente llamamos la realidad. El prejuicio de la realidad unívoca, llevado a su extremo límite, conduce, pues, justamente, a la anulación de la realidad misma, tal como la vivimos en nuestra vida.

Frente a ese prejuicio —que nace con los postulados del idealismo filosófico—, podemos y debemos nosotros afirmar el principio contrario, el principio de la diversidad de la realidad. Lo que llamamos la realidad no es una única manera de ser, sino una pluralidad de realidades, que, siendo todas ellas realidad, es decir, entidad, es decir, objeto de posible conocimiento, son, sin embargo, irreductiblemente distintas las unas de las otras, y poseen todas y cada una su estructura propia y peculiar. El prejuicio de la realidad unívoca consiste en creer que las diferentes ciencias —matemática, física, química, biología, psicología, historia— son tan solo diferentes modos de concebir una y la misma realidad fundamental. En cambio, nuestro principio de la diversidad de la realidad o de la realidad análoga consiste en la tesis —exactamente contraria— de que las diferencias entre los modos, métodos y conceptos de cada ciencia corresponden efectivamente a diferentes estructuras ontológicas de los objetos estudiados. A la base de cada una de las dos concepciones hay una muy distinta ontología o teoría del ser. La ontología, en que se funda el prejuicio de la realidad unívoca, considera que la voz «ser» significa siempre y en todo caso lo mismo, aunque parezca referirse a cosas distintas. En cambio, la ontología, que sirve de base a nuestro principio de la realidad análoga, entiende la palabra «ser» en sentidos, que tienen algo de común, pero también mucho de diferente; y esto que tienen de diferente pertenece, efectivamente, a las cosas mismas diferentes, y no solo a nuestro diferente modo de pensarlas y conocerlas en las ciencias.

Habrá, pues, que plantear en la ontología el problema de las estructuras, que caracterizan cada tipo diferente de realidad. Porque la realidad ideal —la de los objetos matemáticos, la de las relaciones, la de las esencias, etc.— no es en su estructura la misma realidad que la realidad física, aunque ambas son realidad. Ni tampoco la realidad biológica es la misma que la realidad física ni que la realidad ideal. Ni tampoco la realidad histórica es la misma que la realidad biológica, ni que la realidad física, ni que la realidad ideal. Cada una de estas realidades es irreductible a la otra. Intentar *reducirlas* fue el empeño vano del espíritu monista e idealista en las ciencias del pasado siglo. Hoy, en cambio, recluida cada investigación en el círculo de su propio objeto, plantéase más bien a la filosofía la incumbencia opuesta, la de definir o describir, al menos, las estructuras características de cada modo fundamental de ser realidad. La historia, por ejemplo, no es el modo histórico de conocer la realidad, sino el modo de conocer la realidad histórica.

La estructura de la realidad histórica

El primer problema que nos sale, pues, al paso al abordar el tema de la filosofía de la historia, es el de la estructura propia de la realidad histórica. ¿Qué es la realidad histórica? ¿Qué tiene de peculiar, propio e irreductible? ¿Qué es lo que la constituye como *tal*, como realidad histórica y no otra? Intentaremos ante todo contestar a estas preguntas brevemente. Y para ello, prescindiendo aquí de otros puntos de vista, nos limitaremos a considerar la relación que la realidad histórica mantiene con el tiempo. Es harto evidente que el tiempo desempeña en la historia un papel esencial. La realidad histórica es una realidad temporal, es una realidad que acontece, es decir, que sobreviene en el tiempo después de algo y antes de algo. En esto diferénciase ya la realidad histórica, radicalmente, de la realidad ideal. Porque la realidad ideal —que es la de los objetos matemáticos, la de las relaciones, la de las esencias— se caracteriza justamente por no estar en el tiempo; es más, por no mantener con el tiempo ninguna relación. En puridad, la realidad ideal no puede llamarse eterna, sino más bien intemporal. El tiempo está ausente de ella. ¿Qué sentido tiene preguntar ¿cuándo? con referencia a la igualdad de los ángulos del triángulo a dos rectos? La realidad ideal es lo que es, sin que el tiempo tenga con su ser la más mínima relación. Los objetos ideales no empiezan a ser, no cesan de ser. Ni en ellos ni en torno de ellos transcurre el tiempo. En la historia, en cambio, el tiempo constituye un ingrediente esencialísimo, el nervio mismo de la sucesión.

¿De qué manera? Porque no basta, ni mucho menos, para caracterizar la estructura de la realidad histórica decir que esta realidad mantiene una relación muy estrecha con el tiempo. Otros modos de realidad —la biológica, la física— están también en el tiempo. El animal vive, es decir, empieza a existir, dura existiendo, cambia y muere después de algo y antes de algo. Sin embargo, la vida del animal no es realidad histórica. Tampoco el cuerpo material, la piedra, el astro, son realidades históricas, aunque también ellos duran en el tiempo, se mueven en el tiempo, giran en trayectorias de tiempo, reciben acciones en el tiempo, devuelven reacciones en el tiempo, antes de algo y después de algo. Será, pues, necesario, precisar qué clase de relación mantiene con el tiempo la realidad histórica, a diferencia de la realidad biológica y de la física.

Si consideramos primero la relación que la realidad física mantiene con el tiempo, podemos describirla brevemente en estas palabras: la realidad física está en el tiempo, pero el tiempo no está en ella. La piedra dura, pero en su duración permanece igual a sí misma. No cambia por el solo hecho de durar. El tiempo en el cual yace no muerde sobre ella. El mero hecho de que transcurra el tiempo no altera el ser de las realidades físicas, las cuales están en el tiempo como en un lecho que no influye en nada sobre quien lo ocupa. Para las realidades físicas el tiempo es un puro ámbito inoperante, inactivo, un simple espectador de las modificaciones, que se producen en los cuerpos por choques mecánicos dentro o fuera.

En cambio, la realidad biológica, la realidad viviente, la realidad de una planta, de un animal, mantiene con el tiempo otra clase de relación muy diferente. Podríamos expresarla en estos términos: la realidad viviente está en el tiempo, pero el tiempo también está en ella. La realidad viviente cambia y varía no sólo —como la piedra— por acciones mecánicas, que no comprometen la actuación del tiempo puro, sino por la virtud del simple durar. El solo hecho de que transcurra el tiempo altera el ser de la realidad viviente, dicho de otro modo: la realidad viviente envejece. Envejecer es ser distinto de sí mismo en momentos sucesivos del tiempo por el mero hecho de transcurrir el tiempo. En la realidad viviente el tiempo muerde. El tiempo actúa dentro del animal y de la planta. El tiempo no es simplemente el lecho o ámbito inoperante en que el animal está, sino que es, además, un factor interiormente activo, un ritmo íntimo que se despliega en la melodía de la vida.

Pero la relación que la realidad histórica mantiene con el tiempo es todavía más íntima que las dos que acabamos de describir. Por de pronto, la realidad histórica está en el tiempo como la realidad física, y es alterada también por el tiempo como la realidad viviente. En cierto sentido, pues, la realidad histórica asume en sí los caracteres propios de las dos realidades anteriores, la física y la biológica. En el tiempo transcurre la historia, como en el tiempo se verifican los procesos físicos y mecánicos. También el tiempo *hace* la historia, como *hace* la vida animal y vegetal; de suerte que puede decirse propiamente que el tiempo está en la historia, y no sólo la historia en el tiempo. Esta primera semejanza entre el objeto histórico y el objeto biológico es, sin duda, la que ha movido a Spengler a tratar la historia como biología o morfología comparada de las culturas.

Pero en el objeto histórico hay algo más que no hay en el biológico y que nos impide en absoluto *reducir* la historia a biología —ni a ninguna otra disciplina—. ¿Qué es esto que hay, además, en la realidad histórica? Hay que las variaciones producidas por el tiempo en la realidad biológica son previsibles, mientras que las sucesivas variaciones producidas en el objeto histórico por el tiempo no son previsibles. Si consideramos la serie de transformaciones que sufre un árbol, un animal y que constituyen su vida, advertiremos en seguida, primero: que son siempre las mismas en todos los individuos de una misma especie; y segundo, que siguen el mismo inflexible orden en todos los individuos de la misma especie. De suerte que, estudiándolas en uno o dos o tres ejemplares, podemos fijarlas en una *ley* de sucesión, perfectamente determinada, y preverlas para la vida de todos los individuos de la especie. Por eso exactamente es por lo que no hay historia —y sí en cambio, ciencia natural— de las vidas animales. Consideremos, por el contrario, la serie de transformaciones que constituyen la historia de una nación o de un hombre determinado. Aquí es imposible prever nada; porque ni los acontecimientos son los mismos en las vidas de todas las naciones, ni el orden de ellos sigue en todas un mismo módulo o ritmo. Las naciones históricas no constituyen una especie, de la cual cada nación sea un individuo. No les sucede a todas lo mismo y en el mismo orden de sucesión. Tampoco las vidas de los hombres son entre sí iguales, ni en el contenido ni en el orden de los acontecimientos. De todos y cada uno de los hombres puede preverse, con exactitud, la serie de transformaciones que sufrirán *como animales*; por ejemplo, que a tal edad empezarán a caérseles los dientes y a salirles otros nuevos; que a tal otra edad entrarán en la pubertad; que a tal otra edad comenzarán a aparecer las canas, a caerse el pelo, etc., etc. Pero sobre su vida de animal, sobre su vida biológica, vive cada hombre otra vida —llamémosla histórica— que es la serie de transformaciones, por las que atraviesa su ser humano, el conjunto de lo que le acontece al hilo del tiempo —en su relación con otros hombres—. Esta vida no puede ser prevista, no puede ser reducida a leyes generales; es una vida peculiar, propia, única. Puede ser narrada posteriormente; puede ser escrita; puede ser admirada, aplaudida, vituperada, censurada. Es vida histórica. Es la vida de lo que el hombre tiene de no animal. Estamos llegando ya al núcleo íntimo que constituye la realidad histórica. La vida del animal es la ejecución por el individuo de la melodía preescrita y prescrita a la especie. Cada abeja se limita a repetir fielmente lo que todas las abejas hacen por imperativo de su esencia específica. Por eso nosotros podemos estudiar científicamente esa melodía, que cada especie animal ejecuta en su vida, anotarla y saber de antemano —y retrospectivamente— lo que una abeja hará dentro de mil años e hizo hace mil años. Pero el hombre es otra cosa además de animal. El hombre vive sobre la vida biológica otra vida en la cual no es ya solo ejecutante, sino al mismo tiempo también compositor. El hombre inventa por sí mismo la melodía que ejecuta en su vida. El hombre escribe el papel que representa. El hombre es simultáneamente actor y autor de su propia evolución. Ahora bien; esta peculiaridad de la vida humana, que la hace imprevisible, irreductible a leyes específicas generales, llámase libertad. Hemos llegado a la estructura esencial de la realidad histórica. La realidad histórica es una realidad libre.

¿Qué significa esto? Significa en primer término que no está determinada de antemano. Acabamos de verlo con todo detalle. Pero lo que no está determinado de antemano es, en su reverso, determinable. El objeto histórico no está hecho de una vez para siempre. Pero está haciéndose, y haciéndose libremente, es decir, pasando de la indeterminación a la determinación, sin que la determinación posterior esté prefijada en la indeterminación anterior. Tiene que haber, pues, un factor que verifique la determinación de lo indeterminado; ese factor no puede ser otro que la voluntad, la voluntad libre. En el fondo de la realidad histórica hallamos, pues, la voluntad libre. Mas la voluntad libre es propiamente lo que denominamos persona. Luego la realidad histórica, que es viviente, temporal y libre, es, en resumidas cuentas, personal. El objeto de la historia es la persona. La persona, empero, es el sujeto que con su pensamiento y su voluntad produce por sí mismo libremente la serie de sus propias transformaciones. Esas transformaciones no pueden, por consiguiente, ser constreñidas en ningún módulo de ley específica, genérica, susceptible de aplicación universal.

La historia como biografía

Hemos llegado al término de esta primera indagación nuestra. Preguntábamos por la estructura propia de la realidad histórica. Hemos hallado que la realidad histórica es, esencialmente, personal; es decir, que lo histórico, la materia de la historia, es la persona —la persona humana—. La primera y fundamental forma del objeto histórico será pues, la vida personal, la vida de una persona. Correlativamente, la primera y fundamental forma de la historiografía, de la ciencia histórica, será la biografía, la narración de una vida personal, la descripción de la serie de transformaciones por que pasó en el tiempo y por el tiempo un sujeto racional libre, es decir, una persona. Luego veremos cómo y en qué condiciones, por derivación, puede el historiógrafo tomar como objeto de su estudio la vida de un pueblo, de una nación, o, incluso, de la humanidad. Por de pronto, convendrá que nos detengamos un instante en esta forma primordial de toda historia, que es la biografía de una persona.

Tres elementos fundamentales encontramos en una vida humana: primero, los *hechos* o acontecimientos de que se compone; segundo, el hilo o *trayectoria* que une entre sí esos hechos, los ensarta unos en otros y les presta unidad de continuidad en el tiempo; tercero, *la persona* de quien son los hechos y de quien es la trayectoria vital. Porque, en efecto, toda vida humana se descompone en una serie de acontecimientos que pueden en rigor considerarse aislados y describirse aislados los unos de los otros. Pero esos acontecimientos, en realidad, no están aislados, sino que se siguen los unos a los otros, sin solución de continuidad; penetran los unos en los otros; existen todavía cuando ya empiezan a ser sustituidos por los subsiguientes; se prolongan y compenetran los unos en los otros; de tal suerte, que la vida humana no es una serie inconexa de notas musicales, sino una verdadera melodía, cuyas partes van necesitándose unas a otras y fluyen todas en dependencia de la unidad fundamental, que imprime al conjunto carácter y estilo personal. Mas esa unidad —ya superior y aun ajena al tiempo— es la profunda, auténtica y verdadera persona.

De aquí, empero, se derivan para la labor del biógrafo —que es el prototipo del historiador— tres incumbencias esenciales: la fijación de los hechos, su interpretación en la trayectoria total de la vida y la penetración en la esencia profunda de la personalidad biografiada. En toda biografía —en toda buena biografía— deberá, pues, haber, por lo menos, el esfuerzo de satisfacer a esas tres exigencias. A la primera, a la fijación de los hechos, satisface el biógrafo con los conocidos métodos de crítica histórica, encaminados a establecer —como decía Ranke— lo que «efectivamente sucedió». A la segunda satisface el biógrafo con la propia intuición de la continuidad en la melodía de la vida narrada. El biógrafo, merced a su familiaridad constante con los hechos de su personaje, conviviendo, por decirlo así, retrospectivamente con él, «metiéndose en su pellejo», esforzándose por descender intuitivamente en el alma del biografiado, logrará más o menos restaurar en su narración la curva continua, la trayectoria melódica de toda la vida. Por último, a la tercera incumbencia, a la definición de la unidad personal sobre que gravita el despliegue de toda esa vida, satisfará el biógrafo mediante un esfuerzo de tipo propiamente filosófico, esfuerzo por hallar la última unidad de esos conjuntos múltiples y separados. La filosofía de la historia de una vida será, pues, precisamente la definición de esa vida, la captación —en la unidad del concepto y del símbolo— de lo que se ofrece, disperso y diluido a lo largo del tiempo, en el despliegue de la melodía vital.

De esta suerte vemos en el ejemplo fundamental de la biografía cuáles son y cuán delicadas —y aun técnicamente dispares— las tareas que se proponen al historiador: por una parte, el problema íntegramente científico de la determinación de los hechos; por otra parte, el problema predominantemente artístico de la interpretación viva de los hechos; por otra parte, en fin, el problema filosófico de la definición unitaria de la vida. En una buena biografía habrá ciencia, arte y filosofía: ciencia, para decirnos exactamente —con el menor posible error humano— lo que el personaje hizo; arte, para contarnos cómo eso que hizo se fue fraguando en el laboratorio espiritual de su alma; filosofía, para decirnos, finalmente, en conceptos y en símbolos lo que fue o quién fue, en su profunda realidad, el personaje biografiado.

Pero —se dirá— no toda historia es biografía. Hay, además; de las biografías de los personajes interesantes, las historias generales de un pueblo, de una nación, de una época o de la humanidad entera —historia universal—. Hay también la historia del arte, la historia de la lengua, la historia de la filosofía, etc. ¿En qué relación se hallan estas historias con la biografía? O dicho de otro modo: si la biografía es la forma fundamental de la historia, ¿cómo se realizan, en estas otras historias no biográficas, las condiciones esenciales de toda historia ejemplarmente expuestas en la historia de una vida personal?

En primer lugar, debemos distinguir dos modalidades de la historiografía no biográfica. En la primera modalidad comprenderemos las historias de pueblos, naciones, épocas y la historia universal de la humanidad. En el segundo grupo comprenderemos las historias de las formas de vida —arte, filosofía, economía, lengua, etc.—. El primer grupo se adapta con perfecta naturalidad a la estructura de la historia, tal como la hemos visto ejemplarmente realizada en la biografía. Porque es evidente que un pueblo, una nación, una época y la humanidad misma son, en todo y por todo, «como si fueran personas». Son propiamente *quasi-personas*. Lo personal de la persona no es su cuerpo visible, no es la materia con la cual y por medio de la cual actúa, sino la unidad espiritual de voluntad libre. Las conjunciones colectivas de hombres son también personas, en cuanto que actúan unitariamente en una continuidad de volición, de acción y de estilo. La nación es una quasi-persona. La historia nacional es la biografía de la nación, es decir, la narración de la vida de esa quasi-persona, que es la nación; por ejemplo: de la nación española. En la historia nacional, redescubrimos exactamente los mismos elementos que hemos encontrado en la biografía: unos hechos sucesivos en el tiempo, una continuidad o trayectoria propia y una unidad esencial y básica, que es el foco de todo lo que históricamente se despliega en siglos de existencia nacional. Consiguientemente hallamos también los tres mismos problemas: el problema científico de fijar lo que aconteció, el problema psicológico de interpretarlo en la continuidad de una trayectoria nacional y el problema filosófico de reducir a la unidad de una definición y simbolización esencial todo lo que en el seno del alma nacional ha vivido, vive y seguirá viviendo. Tampoco la historia de un pueblo se diferencia esencialmente de la de una nación; es también la biografía de una unidad viviente y libre, cuya voluntad creadora se ofrece simplemente algo más relajada y dispersa. La historia de una época es, a su vez, fácilmente reductible a la historia nacional, de la que sólo constituye un capítulo. Por último, la historia universal de la humanidad será la única que plantee alguna cuestión más delicada. Nos limitaremos a las breves indicaciones siguientes.

No hay filosofía de la historia universal

En primer lugar, cabe preguntarse si *hay* realmente una historia universal. Algunos pensadores de no escasa cuantía lo niegan, como Spengler. Y frente a los que la afirman, no faltan quienes consideren la historia universal —la historia de la humanidad en conjunto— más bien como un fin, un propósito aún no logrado de la historia que como algo ya realizado y conseguido. En realidad, deslízase en esta discusión un equívoco fácilmente denunciable. Se toma la palabra historia universal en dos sentidos: como la *narración* de la vida de la humanidad en la tierra y como esa vida misma. En el primer sentido puede discutirse, en efecto, si hay o no hay historia universal; es decir, si la investigación histórica ha logrado ya, o todavía no, reducir a una unidad superior las múltiples y variadas manifestaciones de la vida humana sobre la tierra. Pero en el segundo sentido no es posible discusión —salvo con aquellos pensadores que, como Spengler, nieguen el supuesto básico de la unidad de la humanidad—; porque, conocida y narrada o no, existe evidentemente una unidad de la humanidad sobre la tierra: unidad de origen, unidad de destino, unidad, incluso, de desenvolvimiento, que se manifiesta en la cada día más intensa intercomunicación entre los pueblos y las naciones. Ecuménico es el origen y el término de la humanidad. En principio, pues, lograda o no, existe la posibilidad de escribir la historia del hombre; y esa historia del hombre será —no puede por menos de serlo— también la biografía de la humanidad.

Con una diferencia —sin duda esencial— respecto de las demás biografías de naciones, pueblos e individuos. Y es que en la biografía de la humanidad, la tercera parte, la parte que hemos llamado filosófica —la que aspira a compendiar en un concepto o en un símbolo la totalidad de la vida narrada—, plantea un problema, que la imitada capacidad del pensamiento humano no puede resolver. Declarémoslo sin rebozo: la filosofía de la historia universal es imposible. Sólo Dios sabe lo que es el hombre. Sólo en la mente de Dios existen la definición simple y el símbolo supremo de la humanidad. Nosotros, por nuestra parte, haciendo un esfuerzo superlativo de penetración en la esencia del ente humano, logramos, a lo sumo, llegar a ese abismo de indeterminación, que es la libertad, la persona libre, reflejo, semejanza o figura de Dios. Y ante la libertad del hombre hácese patente nuestra radical ignorancia del hombre. El hombre es libre; y porque es libre, es por lo que no podemos ni definirlo ni encajarlo en un símbolo. La filosofía de la historia universal es sólo de Dios, no del hombre.

Sólo Dios sabe por qué los hombres se dispersan o se reúnen; por qué se aglutinan en pueblos, en naciones, que viven un tiempo, actúan y luego desaparecen. Solo Dios sabe por qué determinados núcleos de vida humana empiezan a existir y acaban disolviéndose en la nada del tiempo. Nosotros podemos —podremos acaso si el futuro progreso de la investigación histórica lo consiente— narrar con relativa fidelidad el drama de la dispersión humana, referir los orígenes y las decadencias de las naciones, rastrear en cada pueblo o nación no sólo los hechos de su vida, sino el sentido continuo de su trayectoria vital. Podremos también, en algunos casos, llevar a cabo con éxito relativo, el intento filosófico de definir y simbolizar el alma de tal pueblo o de tal nación, como definimos y simbolizamos la personalidad espiritual de tal o cual individuo. Pero reducir a la unidad *del hombre* la variedad histórica de esas almas nacionales, populares, de esos entes colectivos —como el pueblo griego, el pueblo romano, el pueblo chino, el pueblo judío, la nación francesa, la nación alemana, la nación española— que llenan el ámbito del pasado y del presente, es para nuestro pensamiento limitado totalmente imposible. Puede hacerse una filosofía de la historia de España o de la historia romana. No puede construirse la filosofía de la historia universal. Es posible, acaso, llegar a reducir a una expresión conceptual y simbólica, encerrar en una como semilla o foco la definición esencial de España, de Francia, de Jerusalén, de Roma. No es posible tener en la mano la esencia del hombre. Podremos saber cuál *es* el estilo de acción y reacción propios del alma hispánica o del alma japonesa. Mas no podemos compendiar en la unidad de una intuición totalitaria el estilo del alma humana. Justamente, porque el alma humana contiene en su libre esencia una infinita posibilidad de estilos —que solo Dios conoce—. Y de esos infinitos estilos o modos de ser hombre, Dios ha dispuesto que se realicen algunos, los que concretamente en la historia hasta ahora vivida por la humanidad se han realizado y se están realizando y los que —Dios solo sabe cuáles y cuándo— se realizarán en lo que le resta de historia a la humanidad sobre la tierra.

La historia universal es propiamente el descubrimiento, la realización existencial de las posibilidades de ser ínsitas en el alma humana. Mas esas posibilidades de ser hombre no están en la esencia del hombre como las propiedades del triángulo están en la definición del triángulo o como los casos particulares de una ley física están en su formulación matemática. Por la sencilla razón de que la esencia del hombre es una tarea para el hombre, una tarea libre de la libre actividad voluntaria. Dios ha querido que el hombre sea autor responsable de su vida justamente para elevarlo así por encima de la naturaleza y hacerle partícipe de la realidad sobrenatural. Son, pues, infinitos los modos o estilos de ser hombre. Solo Dios los conoce en la infinitud de su pensamiento. Mas esos infinitos modos o estilos de humanidad no pueden realizarse ni todos, ni simultáneamente. La realización de un modo humano en la existencia está sometida a la condición de la concreción existencial. Requiere el ser en el tiempo, requiere la historia; es la realidad histórica misma. Los estilos van, pues, manifestándose en unidades históricas, es decir, existenciales, de lugar y tiempo. Esas unidades son las naciones y los pueblos. Cada pueblo, cada nación, tiene su modalidad, su estilo humano propio. Dios ha conferido a cada nación, a cada pueblo, una misión humana en la tierra; precisamente la de realizar sucesivamente, en formas múltiples de vida, el estilo de que es depositaria. El pensamiento nuestro puede estudiar la historia de una nación, es decir, perseguir las peripecias de una vida nacional que al hilo del tiempo va cumpliendo su misión de realizar cierto estilo o modo de humanidad. Y teniendo a la vista lo que esa nación o pueblo ha hecho ya en el pasado, es posible intentar una filosofía de su historia, o sea una definición y simbolización intemporal de ese estilo o modo que Dios le ha encargado realizar en el tiempo. Es posible, finalmente, compendiar lo que sabemos de todos los pueblos que han sido; y derivarlos materialmente unos de otros, comparar sus vidas, computar sus logros, hacer un repertorio de estilos nacionales e imprimir, más o menos arbitrariamente, un sentido general a esos esfuerzos seculares de los grupos humanos pretéritos. Pero este es el límite de nuestras posibilidades. Allende este límite topamos en seguida con el arcano de la Providencia divina. No hay filosofía de la historia universal. La Providencia es para nosotros insondable.

Mas no como lo es lo desconocido, pero acaso cognoscible. Ni tampoco como la fatalidad de una ley inescrutable. No. La Providencia no es para la razón humana ni un problema, ni un destino irracional. El gobierno de la Providencia es un gobierno inteligente; sus decretos son decretos llenos de sentido. Dios gobierna como un padre, no como una ley ciega. Es una persona, es decir, una voluntad libre, infinitamente fecunda en propósitos y fines, que nuestro limitado entendimiento no puede concebir. Los decretos providenciales son, pues, para nosotros inescrutables, no porque estén por debajo de nuestra razón, sino porque están por encima de ella. La historia de la humanidad no es el orden inquebrantable de una determinación fatídica eterna, sino el admirable espectáculo de una creación llena de inagotable vida, el producto de un pensamiento y de una voluntad libérrima, la obra de una persona viviente, que atesora en la unidad de su esencia una infinita riqueza de incalculables posibilidades.

Dios hace surgir de la nada los pueblos y los hunde. Dios levanta los imperios y los pulveriza. Dios prepara los encumbramientos y las decadencias. Cuando Dios quiere, aparecen nuevos pueblos y naciones en la escena del mundo, encargados de realizar sobre la tierra estilos nuevos. Cuando Dios quiere, desaparecen de la faz del planeta pueblos y naciones; o porque ya han cumplido su misión humana, o porque se han revelado incapaces de seguirla cumpliendo —y Dios los vuelve a la nada de donde surgieron—. Cayó el Imperio romano. Sobre sus ruinas suscitó Dios nuevos tipos de humanidad en las naciones modernas. ¿Hasta cuándo seguirán dando sus frutos la modalidad hispánica, la modalidad francesa, la modalidad alemana de ser hombre? Solo Dios lo sabe. Y no hay filosofía de la historia, que pueda trazar un cuadro, ni siquiera remotamente aproximado, del destino futuro de la humanidad.

Pero si toda historia es historia de una persona o quasi-persona, ¿qué pensaremos de historias como la del arte o de la filosofía o de la economía, etc., que, evidentemente, no tienen tras de sí un sujeto personal y libre? No tienen, en efecto, tras de sí un sujeto personal, sino muchos sujetos personales. El arte, la filosofía, la economía, etc., son obra de hombres, producto de actividades libres. Son formas de vida y han nacido de mentes humanas. Las cuales, a su vez, viven en el seno de esas unidades superiores quasi-personales, que son las naciones y los pueblos. En rigor, pues, el arte, la filosofía, la economía, pertenecen, como otros muchos ingredientes y producciones, a la historia de un pueblo o de una nación. El arte español hállase comprendido en la historia de España; y su esclarecimiento íntegro y profundo no puede tener lugar sino dentro de la historia de España, como una de las creaciones del espíritu español, como una de las maneras de realizarse el estilo español en la tierra. La historia del arte español es un fragmento de la historia de España. Y la historia universal del arte no es más que una colección de fragmentos de historias nacionales, que, con fines didácticos —comparación de estilos, influencias mutuas de unas naciones sobre otras, de unos artistas sobre otros, etc.—, conviene reunir a veces para tener ante la vista, en cuadro sinóptico, el conjunto de las producciones humanas en esa determinada forma de vida. Hay, sin duda, quienes pretenden dar mayor alcance a esos fragmentos de historia y considerarlos como verdaderas historias. Pero entonces tienen que acogerse a una metafísica arriesgadísima; y atribuir a los estilos mismos, a las modalidades mismas de la producción una vitalidad genética o dialéctica propia, una ley interna de evolución y cambio, que sólo podría justificarse en una muy problemática filosofía racionalista —hegeliana— de la historia. En realidad, los productos de la vida humana no tienen historia propia, independiente de la persona viva que los produjo; forman parte de la persona viva que los produjo; son las obras de un hombre; y han de estudiarse como tales, en la biografía de este hombre, el cual, a su vez, es miembro de *una* nación y ha de integrarse en la unidad superior quasi-personal, cuya biografía es la historia nacional.

II. Ideas para una filosofía de la historia de España

El problema: la hispanidad

El vínculo nacional

La filosofía de la historia de España habrá de ser, pues —según lo expuesto en la parte general antecedente— el intento, por lo menos, de definir o de simbolizar esa quasi-persona, cuya biografía constituye la historia de España. He aquí una nación viva. En ella hemos nacido, vivimos y somos. Esta nación viene viviendo, empero, desde hace muchos siglos. Antes que nosotros, han formado parte de la unidad española otros muchos hombres, nuestros padres, nuestros abuelos. Dos géneros de vínculos nos unen unos a otros a los españoles: un vínculo entre los españoles vivos, otro vínculo con los españoles muertos. Considerando a España, tenemos, pues, ante la vista dos grupos de españoles: los que ahora existen y actúan, y por eso se llaman actuales; y los que ya no existen y no actúan, pero actuaron en sus respectivas épocas. La sustitución de un grupo por otro no se hace de repente y en acto concreto de traspaso, como el relevo del centinela. Insensiblemente y en continuidad de vida, van las generaciones remplazándose unas a otras. Asumen las nuevas tareas o comisiones dejadas por las anteriores. Cada español, al nacer, es automáticamente incorporado a la vida nacional; y cuando en su primera juventud adquiere conciencia de su existencia propia, ya está hace mucho tiempo conviviendo con la nación española, ya hace mucho tiempo que es español. Nadie elige ni el momento ni el lugar de su nacimiento, ni la unidad humana, la nación, de la cual al pensar en sí mismo se encuentra ya miembro.

El vínculo que nos une con los españoles actuales es muy distinto del vínculo que nos une con los españoles pretéritos. Con los españoles actuales mantenemos relación de convivencia. Con los españoles pretéritos mantenemos relación de sucesión. No será superfluo apretar un poco el sentido de estas dos relaciones. La relación de convivencia en la comunidad nacional contiene una influencia mutua directa de los que conviven. Entre mis compatriotas actuales y yo existe mutua y directa influencia, es decir, que yo por mis actos puedo hacer que ellos verifiquen ciertos actos, y ellos, por sus actos, pueden hacer que yo verifique ciertos actos; mis actos están directamente influidos por los suyos, y los suyos por los míos. En cambio, la relación de sucesión, que mantenemos los actuales españoles con los españoles pretéritos, no contiene esta influencia directa. Contiene, empero, una influencia unilateral indirecta; que consiste en que los actos de los españoles pasados produjeron o crearon algo —instituciones, ideas, obras, usos, costumbres, creencias, etc.—, cuya existencia persistente influye indirectamente sobre mis actos presentes y sobre los de mis contemporáneos; e influye de tres modos: impidiendo ciertos actos, provocando otros, imprimiendo a todos determinado carácter. Es como dos escultores que siguieran trabajando en el modelado de una estatua empezada por otros dos escultores anteriores. La relación entre los dos escultores actuales sería de convivencia, es decir, de influencia mutua directa; el uno diría al otro: haz esto, haz lo otro, pon más barro aquí, quita barro de allá. En cambio, la relación de los dos escultores actuales con los dos anteriores fallecidos, sería de influencia unilateral indirecta, porque la obra empezada por los anteriores, perdurando en la realidad, impondría indirectamente a la conducta de los escultores actuales ciertas limitaciones negativas, ciertas orientaciones positivas y cierto carácter o estilo propio. Cabe, sin embargo, dentro de lo posible, que los dos escultores actuales rechacen por completo la obra de sus antecesores, la rompan en pedazos y emprendan otra enteramente nueva. Esta es, empero, la revolución absoluta, que traería consigo la desaparición total de la nación.

Pero siendo distintos por su carácter el vínculo que une a los españoles actuales entre sí y el vínculo que une a los españoles actuales con los españoles pretéritos, tienen, sin embargo, ambos vínculos un punto común y coincidente, y es el de la influencia de unos españoles sobre otros. Esa influencia será, en el primer caso, mutua y directa; será en el segundo caso unilateral e indirecta. Pero existe en todo caso; y circunscribe dentro de la humanidad un grupo humano que se extiende, no sólo sobre el espacio presente —el territorio español hoy—, sino en el tiempo pasado, uniendo a todos los españoles que existen con todos los españoles que existieron. Lo que hacen hoy en sus despachos las personas que gobiernan a España influye sobre lo que hacen en el campo los labradores de Castilla, cuya conducta a su vez influye sobre lo que piensan y mandan los gobernantes en sus despachos. Pero también lo que hizo en su tiempo san Fernando, rey de Castilla; lo que mandaron más tarde Felipe II y Carlos III; lo que escribió Cervantes, lo que pintó Velázquez, lo que edificó

Herrera, influye sobre lo que hacemos y pensamos y sentimos los españoles de hoy. Esa influencia sucesiva, que discurre a lo largo del tiempo y llega sin interrupción a la actualidad y toma en la actualidad la forma de mutua colaboración y comprende en el ámbito de su virtualidad a una ingente masa de españoles pretéritos y presentes y prepara a otros españoles futuros; esa influencia inextinguible, esa fuerza de acción y de creación, eso es España, eso es la nación española.

Porque esa influencia, esa fuerza, esa potencialidad de vida —que se transmite desde remotos siglos hasta hoy, por los vehículos del idioma, de la sangre, de la sucesiva convivencia entre generaciones, de las leyes, del arte, de la literatura, de la administración, de las costumbres, de los usos, de las preferencias comunes—, forma un caudal de humanidad perfectamente acotado y separado de los otros grupos, tanto en el tiempo como en el espacio. Y no se diga que también los hombres de otras naciones pueden ejercer influencia sobre los hombres de nuestra nación. Porque entre la influencia que sobre alguno de nosotros haya podido ejercer el canciller Bacon y la que ha ejercido el cardenal Cisneros hay un abismo de diferencia. No solo en cantidad, sino en cualidad. La primera es, necesariamente, accidental, fortuita, ocasional e individual. La segunda es esencial, necesaria, colectiva y consustancial con lo que somos hoy todos los españoles, incluso los analfabetos, que ignoren la existencia misma de Cisneros. España, esa presión vital, que atraviesa año tras año, siglo tras siglo la continuidad de las generaciones sucesivas, esa llama de vida, que se encendió una vez en el remoto pasado, sobre el suelo sagrado de la Península y en la que cada generación de españoles prende su propia alma, esa España constituye una unidad espiritual, perfectamente caracterizada, propia, peculiar, diferente por completo de Francia, de Inglaterra, de Alemania. Esa unidad de espíritu, que también es unidad de vida, constituye una como personalidad humana. Es una quasi-persona histórica. Definirla en lo posible, reduciéndola a conceptos claros; simbolizarla en imágenes de resonancias amplísimas: he aquí la tarea propia de la filosofía de la historia de España.

Definición dinámica de España

Mas, ¿qué tipo de definición podrá recibir esa España, esa quasi-persona de la nación española? Desde luego, no puede recibir una definición como las definiciones que habitualmente verificamos por conceptos de género o especie y diferencia. Porque la definición que aquí pedimos, la definición que debe darnos la filosofía de la historia de España, no puede ser una definición estática, que sitúe la realidad España en el cuadro de las demás realidades. Si dijéramos, por ejemplo, que España es una nación alojada en tal lugar del planeta, no habríamos contribuido en nada a nuestro intento. Porque la España a que nos referimos y que aspiramos a definir no es el territorio material en que la historia española se ha desarrollado; ni es tampoco la lengua con que los españoles se entienden; ni es tampoco ninguna de las realidades concretas —instituciones, artes, costumbres, ciencia, etc.— que España ha producido. La España que queremos definir y simbolizar no es la que en la historia se ha hecho, sino la que ha hecho la historia. No es un cuerpo, no es el cuerpo de España en tal o cual momento de su historia, sino la íntima fuerza que propulsa la historia, la energía morfogenética que crea todos y cada uno de los contenidos de la vida española actual y pretérita.

La definición de España deberá ser, pues, necesariamente, dinámica o genética. Habrá de contener en la brevedad de su concepto como un disparo hacia la acción y la creación, como el plasma germinal de toda una viviente y cambiante realidad histórica. Habrá de ser una definición en la cual haya un fin, una meta, que represente la aspiración de todos los españoles y de la personalidad colectiva española en el tiempo. Y entonces puede ofrecerse seductora la idea de tomar por definición dinámica de España una empresa, una tarea, cuya realización encienda o haya encendido el entusiasmo de todos y sea o haya sido por ello el lazo de unión y a la vez el guía y norte de la actividad histórica. Mas, ¿dónde encontrar esa empresa, esa tarea? Necesariamente, habríamos de buscarla en el pasado, en la historia del pasado español. Pero en el pasado de España hallamos épocas diferentes. Cada una de esas épocas tiene su propia empresa, su propia tarea. ¿Cuál elegiremos como la propulsora de toda nuestra historia? En el siglo XIII la España de san Fernando se encendió en ardor de reconquista. En el siglo XVI la España de Carlos V se entusiasmó por la idea del imperio mundial. En los siglos IX al XIII halaga a los españoles el particularismo de la vida local. En el siglo XV la ilusión nacional es la unidad. Y acaso haya período de la historia de España que se caracterice por no tener empresa ni tarea ninguna. ¿Cómo podremos en la diversidad de fines, que en distintas épocas se ha propuesto España, encontrar uno que sea el esencial, el único, el que actúe en el fondo de todos los demás? Esto, empero, es precisamente lo que exige la filosofía de la historia de España. Porque lo que se trata de reducir a conceptos y símbolos es justamente la unidad intemporal de la persona, de esa quasi-persona, que —por debajo de las vicisitudes históricas cambiantes— es España. Una cualquiera de las empresas o tareas, que en época determinada fuera lazo de unión y punto de orientación de la historia española, sería válida limitadamente y sólo para el período en que alentaba y regía. Ahora bien; si buscamos una definición dinámica, capaz de compendiar toda la realidad española, no parece posible descubrirla mediante un recorrido histórico, que nos ofrezca como en lista, a elegir, las sucesivas aspiraciones, que en sucesivas épocas pusieron en movimiento el alma española.

Esta misma dificultad se plantea —exactamente en los mismos términos— dentro de las vidas individuales. ¿Qué ha sido, quién ha sido Napoleón? La respuesta perfecta sería la que definiese genéticamente a Napoleón y nos diera la clave íntima de todos sus propósitos, de todos los fines diversos que en sucesivos períodos de su vida orientaron su alma. No será, pues, posible obtener la esencia de Napoleón, si sólo tomamos para designarla una de las empresas, que en un determinado período de su vida llenó su espíritu. La definición de una vida por medio de una empresa o tarea que la estimula y orienta, define perfectamente la esencia de esa vida en uno de sus períodos; pero no en la unidad profunda, anterior a todo despliegue en períodos sucesivos.

Sujeto y persona

Y es que en las vidas humanas —tanto individuales como colectivas— hay que distinguir entre el sujeto y la persona. El sujeto es la unidad de una vida humana en un momento determinado de su desenvolvimiento temporal. La persona es la unidad totalitaria de esa misma vida fuera y antes de los períodos sucesivos en que se realiza. La esencia de la persona ha de verterse en la existencia temporal. Ahora bien, esto implica que la unidad de la persona se descomponga en serie sucesiva de sujetos. Si hacemos un corte latitudinal en la vida de un hombre —o en la vida o historia de una nación— nos encontraremos con una multitud de elementos psíquicos —pensamientos, sentimientos, recuerdos, propósitos, voliciones, etc.— que se concentran todos en la unidad de un yo que piensa, siente, recuerda, quiere, etcétera. Ese yo, que ahora vive, es lo que llamo sujeto. Dentro de algún tiempo, otro sujeto, otro yo, será el que viva —piense, sienta, recuerde y quiera—. Este segundo yo posterior o segundo sujeto mantiene con el primero una peculiarísima relación de identificación —no digo de identidad—. Es el mismo y no es el mismo. Yo, que soy ahora un viejo catedrático, no soy el mismo que cuando era joven estudiante; y, sin embargo, soy el mismo. Los sucesivos sujetos que yo en mi vida he ido siendo, período tras período, están entre sí unidos por una perfecta continuidad; son los mismos, pero no son los mismos. O dicho de otro modo: no son idénticos, pero se identifican; es decir, que siendo distintos y diferentes, sin embargo el último —el actual— se proclama solidario de todos los anteriores, y, por decirlo así, resultado de los anteriores. Cuando el viejo contempla una fotografía de sus juveniles años o lee una carta de su mocedad, maravillase precisamente a la vez de su unidad y de su diversidad; de ver que, siendo el mismo, ya no es, sin embargo, el mismo. Acaso ya no piensa, ni siente, ni quiere absolutamente nada de lo que pensaba, sentía y quería en aquella juventud remota. Y, sin embargo, este sujeto actual, que no tiene acaso ningún contenido psíquico común con aquel sujeto pasado, es la misma persona. Ahora se puede ver claramente la diferencia que debemos establecer entre la persona y el sujeto. La persona es la unidad idéntica, inmutable, de la vida humana. El sujeto es la síntesis temporal, psicológica, en que la vida humana se concreta para cada período de su sucesión. La persona es la unidad intemporal de una vida. El sujeto es cada uno de los focos de existencia real en que esa vida se desmenuza.

También España hoy es la misma y no es la misma que hace quinientos años. No es la misma, porque otros son sus propósitos, otros sus afanes, otras sus tareas y empresas. Es la misma, porque la España de hoy se identifica con la de hace quinientos años, como el viejo de hoy se identifica con el joven de hace treinta años. En la historia de España cada época tiene su unidad temporal, su sujeto. Pero la persona o quasi-persona de España es justamente lo idéntico entre todos esos sujetos sucesivos. El problema esencial de la filosofía de la historia de España consiste en indagar qué o cuál sea la quasi-persona de España. Contestar señalando la empresa concreta de una época determinada sería incongruente con la pregunta; la cual inquiere, no el sujeto, sino la persona.

Cuando el historiador de España, a veces, detiene en uno de los períodos principales el curso de su narración y haciendo balance de lo ganado y perdido y recuento de los logros y de los fracasos, describe lo que en aquel momento el alma nacional siente y quiere, entonces ese historiador define el sujeto histórico nacional, en el período particular de que se trata. Al historiador, en efecto, incumbe la descripción de los sujetos históricos que España ha ido siendo sucesivamente en su vida multisecular. En cambio, la definición de la quasi-persona nacional, o sea, de la sustancia española, que permanece idéntica a través de todos los cambios en el tiempo de la historia, incumbe al filósofo. Es propiamente el problema mismo de la filosofía de la historia. Porque aquí el objeto ya no es la *historia* de España, sino esa *España* eterna, cuya es la historia. La filosofía de la historia no es histórica, sino intemporal. Por eso es filosofía y no historia. Es el intento —más o menos logrado— de reducir a concepto y símbolo el modo típico de ser hombre, que Dios dio a la nación española el encargo de realizar sobre la tierra.

La hispanidad

Mas, ¿cómo designaremos eso que vamos a intentar definir y simbolizar? La pregunta parece al pronto superflua y casi ininteligible. Pues con evidencia harto espontánea se ofrecen a nuestro espíritu los términos de España, nación española, patria española. ¿Hay, por ventura, otras designaciones mejores? ¿Puede haberlas siquiera? Sin embargo, existe una palabra —lanzada desde hace poco tiempo a la circulación por monseñor Zacarías de Vizcarra— que, a mi parecer, designa con superlativa propiedad eso precisamente que la filosofía de la historia de España aspira a definir. La palabra aludida es hispanidad. Nuestro problema puede exactamente expresarse en los términos siguientes: ¿qué es la hispanidad?

En efecto, la palabra hispanidad puede tomarse en dos sentidos: uno, concreto, y otro, abstracto. Hispanidad, en su sentido concreto, quiere decir el conjunto de los pueblos o naciones que han brotado de la raíz española. En el mundo existen numerosos lugares, en los cuales viven pueblos independientes o quasi-independientes, que proceden de un común origen español. Hablan español; piensan en español; sienten a la española; son católicos, y no necesitan remontarse mucho en su historia para descubrir el punto en que su propia trayectoria temporal se desgaja del gran tronco hispánico. Estas naciones hispánicas, esparcidas por todo el globo, forman, juntamente con la madre España, una singularísima colectividad. No las ata unas a otras ningún vínculo legal. Ninguna traba pone el más mínimo límite a su absoluta soberanía política. Y, sin embargo, por ser todas ellas hispánicas, siéntense unidas en una interna similitud. Cada una es independiente y propiamente señera. Mas ninguna puede ni quiere negar la fraternidad que las une a todas entre sí y la filialidad que las une a todas con España. Si alguien intentara interpretar esa relación en sentido limitativo de la soberanía absoluta de cada una, protestarían airadamente. Y aun a veces se complacen en subrayar con ahínco el propio y no derivado derecho con que usan de la sensibilidad, del pensamiento y de la lengua española —«tan nuestra, dicen, como vuestra»—. Así, los hijos, cuando llegan a la mayoría de edad, suelen reivindicar, con la alegre energía del neófito, los derechos sustantivos que la ley y la naturaleza les otorgan. No hay en el planeta nada que se parezca a esta colectividad de las naciones hispánicas, a este «mundo común» de las naciones hispánicas, a este mundo común de la hispanidad. El Imperio británico es otra cosa muy diferente. Es un imperio; las naciones que lo integran ni son todas británicas ni son independientes, sino que doblan la cerviz bajo el yugo de Inglaterra, aunque el yugo, acaso, sea suave y su peso leve.

Pues bien, ese vínculo impalpable, invisible, inmaterial, intemporal, que reúne de modo tan singular a todas las naciones hispánicas sobre la tierra, ese vínculo puramente espiritual, es la hispanidad en su sentido abstracto. La hispanidad no es la lengua; las naciones hispánicas no son hispánicas porque hablan la lengua española, sino al revés, hablan la lengua española porque son hispánicas. La hispanidad es anterior y más profunda que la lengua, que las costumbres, que las instituciones, que la tradición y que la historia misma. La hispanidad es aquello por lo cual lo español es español. Es la esencia de lo español. Y porque todos esos países tienen esa esencia en el fondo de su ser, es por lo que son hispánicos y juntos constituyen la hispanidad —en su sentido concreto—, o sea, el mundo común de las naciones hispánicas. Si, pues, tomamos la palabra hispanidad en su sentido abstracto —o sea lo que hace que lo español sea español—, entonces esa voz designa perfectamente el objeto que la filosofía de la historia de España pretende definir y simbolizar. Ese objeto, en efecto, como ya hemos visto, no es cosa, sino persona o quasi-persona; no es naturaleza, sino idea; no es historia concreta, sino el germen dinámico de toda la historia de España. La quasi-persona, la idea, el germen dinámico de España queda, empero, perfectamente designado con el nombre de hispanidad. Y tanto mejor cuanto que ese nombre lleva en sus entrañas verbales el mismo sentido mundial y ecuménico que caracteriza el aliento de la expansión española por el orbe. La expansión española en ultramar no fue propiamente una colonización, ni siquiera un esfuerzo de tipo imperialista. Fue ya en su origen mismo un parto: el parto de una madre llena de fecundidad vital. En la historia de España la salida a América, la conquista y civilización de América, no constituye un accidente, más o menos fortuito, más o menos hábilmente explotado, sino un rasgo que necesariamente brota de lo más profundo del alma española. El alma española contiene en los entresijos de su más honda definición el impulso hacia fuera, que la lleva a extraverterse, como Don Quijote, en donde la llaman y en donde no la llaman. En este radical impulso expansivo de la hispanidad tiene su origen ese «mundo común» de las naciones hispánicas. Porque España no fue a América para traerse América a España, sino para sembrar hispanidad en América. El movimiento de traslado a América —empezando por el descubrimiento, la conquista, la «población», y terminando por la emigración actual— ha sido siempre popular en España. En cambio, las guerras de la independencia americana fueron en España meramente oficiales. Otros países han sido realmente colonizadores o imperialistas en el estricto sentido de la palabra; han querido traer a sí, someter a su dominio político, incorporar a su economía las comarcas nuevas. España, en cambio, se ha dado a ellas. Los españoles marchaban a América para vivir allá, para fundar allá, para crear allá otras Españas —que naturalmente, cuando llegaron a la madurez, se desprendieron del tronco añoso, como la fruta madura se desprende del árbol nutricio—. Hispanidad es —en una de sus más radicales dimensiones— grandeza generosa, que antes prefiere hacer donación y merced, que embolsar provecho y beneficio. Grandeza generosa fue la de España en el siglo XVI enviando a sus hijos al Nuevo Mundo a hacer cristianos y a fundar naciones, no a establecer factorías de pingüe comercio o bases fortificadas de prudente estrategia. Y de la grandeza generosa —virtud esencial de la hispanidad— ha nacido sobre la tierra esa incomparable colectividad humana, que sin necesidad de estructura alguna concreta, reúne en un espíritu, en un estilo, en un modo peculiar de ser hombre, todo ese mundo común de las naciones hispánicas.

Sea, pues, hispanidad el término que designe el objeto de nuestro tema. La filosofía de la historia de España condénsase entonces en la pregunta siguiente: ¿qué es la hispanidad? ¿Cómo puede definirse en conceptos y simbolizarse en imágenes ese germen dinámico? ¿Qué tipo de hombre es ése que la hispanidad designa y cuya idea, cuyo estilo, propulsan la actividad creadora de España y de las naciones del mundo común hispánico?

Para llenar este propósito y dar respuesta a estas preguntas deberemos considerar sucesivamente dos principales cuestiones. La primera consistirá en perseguir el sentido que ofrece la trayectoria temporal de la historia de España. Si, en efecto, examinamos el curso de nuestra historia y, por decirlo así, la figura de su melodía, hallaremos en ella un sentido, algo que la hace en todo momento inteligible; y ese sentido será ya una primera aproximación a la esencia de la hispanidad. Pero este sentido no se puede entender realmente, si no se interpreta como la idea de cierto tipo humano —el tipo de hombre hispánico— que constituye la forma y estilo propios de la «quasi-persona», en cuyo despliegue consiste la historia de España. La segunda cuestión será, pues, la descripción de ese tipo de hombre hispánico y por decirlo así la etopeya de la hispanidad; la cual nos hará descender a las más hondas capas de nuestra índole nacional, que son justamente aquellas en que el alma hispánica siente, como fondo más propio y peculiar de su substancia, la aspiración a la vida eterna en el seno de Dios.

Trayectoria histórica

La historia de España atraviesa los mil quinientos años de su melodía en cuatro períodos sucesivos y armónicamente compenetrados. —Los tres o cuatro primeros siglos son de preparación. Los ingredientes naturales con que, por la voluntad de Dios, va a fraguarse el tipo de hombre hispánico, existen aún dispersos, pero intentan ya acercarse unos a otros, acomodarse y encajarse unos en otros, hasta que llegue el día en que puedan fundirse en perfecta y simple unidad, al calor de una llama sobrenatural. —Cuando se inicia el periodo segundo —que se extiende sobre no menos de siete siglos— la idea de la hispanidad ya existe. Pero existe como un recién nacido, débil aún, breve y sucinta, incierta de sí misma. Necesitará tiempo, tesón, cultivo, vicisitudes, victorias y derrotas para robustecerse, afirmarse, solidificarse, por decirlo así, y construirse un cuerpo propio y organizado en la nación española. —El tercer período presencia el estallido victorioso de la idea hispánica, que, revestida de todas sus armas, provista de todos los medios acumulados durante los siete siglos de formación, lanza al mundo su mensaje ecuménico y siembra sobre la tierra la semilla de su espíritu universalista. Dos siglos enteros de historia universal llena España con su nombre y sus hazañas, que presencia atónito el orbe entero. El hombre hispánico planta su tienda allende todos los mares y levanta templos en todas las latitudes del planeta al Señor de cielos y tierra. Bajo la vigilancia o la protección de los tercios españoles, los pueblos vacan a los menesteres de su vida y la Iglesia formula en inalterables cláusulas el orden dogmático de su espíritu y de su estructura. —El cuarto período se inicia a mediados del siglo XVII. El mundo comienza entonces a prestar oídos a ciertos lemas harto dispares de los que dominaron en los siglos anteriores. España no quiere escuchar unas nuevas voces que más hablan del hombre que de Dios, más de la tierra que del Cielo y aun se atreven a veces a subordinar a Dios al hombre y el Cielo a la tierra. España, que es esencialmente cristiana, nada tiene que hacer en un mundo que tributa a la razón y a la naturaleza el culto debido a la divinidad. Entonces España se aísla, se encierra en sí misma y se esfuerza en lo posible por salvarse del contagio amenazador. La época de nuestra historia que suele llamarse moderna y contemporánea, es una muda y trágica protesta española frente a lo que se piensa y se dice y se hace en el resto del mundo. Como todo lo nuestro, esa protesta adquiere a veces proporciones de increíble grandeza, en gesto sublimemente desgarrado y dramático. Porque en los corazones cristianos jamás se extingue la esperanza ni se agota nunca la confianza en Dios. Y la humanidad presente, que visiblemente vuelve a Dios un rostro acongojado y contrito, prepara sin duda, a la idea hispánica en el mundo y en la historia, nuevas y fecundas ocasiones de acción y de triunfo.

Mas intentemos precisar con algún detalle la fisonomía de cada uno de estos períodos.

Primer período: preparación

Desde los últimos decenios del Imperio romano hasta la invasión de España por los árabes, los elementos materiales con que se va a forjar el cuerpo de la nación española existen en la península todavía dispersos y separados, sin haber llegado a una completa unión y fusión. La lengua latina es ya dominante por completo en España; pero es todavía la lengua latina, la lengua de Roma, una donación de fuera. La cultura latina domina también en España. Mas, como la lengua, también la cultura latina necesitará siglos para ser enteramente asimilada por las gentes que habitan en España. A la completa y rápida asimilación de estos elementos extranjeros oponíanse la índole propia de los pueblos ibéricos y la particularidad geográfica de la península, tan llena de diversidades, de singularidades, de contrastes. El amor apasionado a la independencia, que caracteriza a las gentes de

España, exáltase en formas de localismo extremado —rasgo que más o menos latente perdura en la psicología del pueblo español— y opone resistencia tenaz a la asimilación de la lengua y de la cultura latinas. Desde los primeros tiempos de la romanización de España, el latín que se habla en la península ofrece características fonéticas y sintácticas muy peculiares. Así, pues, el proceso de fusión y unificación de lo que Roma trae con lo que los indígenas ponen, es necesariamente lento y trabajoso; ha de vencer los obstáculos de una profunda diversidad geográfica y climática y de una índole espiritual hoscamente rebelde a toda modificación de la propia conducta y de las convicciones propias. Por otra parte, otros aspectos favorecen o por lo menos protegen el proceso de la fusión de esos elementos dispares; así, la diversidad geográfica y climática de España está compensada en parte por la peninsularidad, que encierra a los ibéricos entre el mar y los Pirineos, y por la exigua extensión de las comarcas que los impele incoerciblemente a la emigración interior. Todavía hoy el soriano, el montañés y el gallego se derraman sobre Andalucía; y la historia de la Edad Media española sigue el curso de la expansión castellana en el resto de la península. Y por encima de esas condiciones físicas hay que tomar también en consideración el elemento unificador de cierta índole psicológica, marcada con el peculiarísimo sello que ya en la Roma de Marcial era conocido por netamente hispánico. La manera de ser española se destacó pronto sobre el resto del imperio. En Roma al español se le conocía en seguida. Había, pues, aun mucho antes de que todos los elementos propios y extraños empezaran a hervir en la preparación de la nacionalidad, un cierto fermento homogéneo de vida hispánica, impreciso pero inequívoco, que con el tiempo y con la virtud de otros estímulos concurrentes, hubo de conducir en lenta progresión a los umbrales de la nueva nación.

Pero el empuje decisivo hacia la formación de la nación española lo dieron la monarquía visigótica y sobre todo la religión cristiana. La monarquía visigótica separó a España del Imperio romano y la constituyó en independencia política. España no tuvo más remedio que atenerse a sí misma. Y viéndose atenida a sí misma, necesariamente tuvo que pensar en sí misma e imprimir un ritmo acelerado a la hispanificación de todos los elementos recibidos de Roma y heredados de los primeros pobladores ibéricos. Mas ese proceso de hispanificación —si vale la palabra— encontró el más poderoso fermento plasmador en la religión cristiana. El cristianismo fue propiamente el que llevó a perfeccionamiento el esfuerzo preparativo de la nacionalidad española. El cristianismo fue como el fuego, que depura o que hace entrar en fusión y crea la nueva substancia; fue como la levadura por cuya virtud la masa se convierte en pan. Los avances de la religión cristiana durante los últimos tiempos del Imperio romano fueron tan considerables en la península ibérica, que los visigodos ya se encontraron con una población cristianizada y de fe pura y acendradamente católica. La fe cristiana constituyó desde el principio poderosísimo elemento de fusión entre las diversidades locales y también entre los elementos heterogéneos de los anteriores siglos. La fraternidad de los cristianos contribuyó como palanca fortísima a unir lo disperso y a iniciar una como conciencia común en la península. La historia de la Iglesia española y de sus concilios primitivos, nos proporciona a veces el espectáculo directo de ese lento y continuo esfuerzo por suavizar disparidades, por encajar y ensamblar ideas, instituciones, costumbres y aun el idioma mismo. La religión fue el lubrificante que poco a poco redondeó las aristas e imprimió a la máquina de la organización la suavidad y espontaneidad de la vida. La victoria sobre el arrianismo es el remate de la secular eficacia con que la Iglesia española asume la dirección espiritual del pueblo. Desde Recaredo, la monarquía visigótica es nacional en España; y los concilios toledanos son en este tiempo el índice de la conciencia común, que ya empieza a alentar en nuestra patria.

Segundo período: formación de la nacionalidad

La relación entre dos hechos sucesivos, *A* y *B*, puede siempre interpretarse de dos maneras. O se dice que *A* es la causa de *B*, o se dice que *B* es el fin para el cual aconteció *A*. En el primer caso, se explica la existencia de *B* por la de *A*; y la explicación es mecánica. En el segundo caso se explica la existencia de *A*, que es anterior, por la de *B*, que es posterior; *A* entonces no es causa, sino medio para *B*, que es el fin; y la explicación es teleológica. Si consideramos dos hechos sucesivos de la historia española, que son: la invasión de los árabes en 711 y la constitución de la nación española como unidad católica en 1492, podemos aplicar a la relación entre esos dos acontecimientos cualquiera de los dos módulos que acabamos de reseñar. O decir que la invasión de los árabes fue la causa que trajo al cabo de los siglos la unidad nacional católica; o decir que la unidad nacional católica fue el fin para el cual tuvo lugar la invasión de los árabes en España. En el primer caso tendremos una interpretación histórica de tipo mecanicista, determinista. En el segundo caso tendremos una interpretación histórica de tipo teleológico, providencialista. En el primer caso diremos que: si España es nación esencialmente católica, ello se debe a la invasión árabe, que impuso al país la necesidad de fundir su ser político con su ser religioso. En el segundo caso diremos que: para que la idea de España como nación esencialmente católica se realizase, dispuso Dios que los árabes invadieran victoriosos España y crearan una circunstancia, que impuso a los españoles la identificación de su realidad política con su realidad religiosa. La segunda de estas dos interpretaciones, la teleológica o providencialista, es resueltamente la preferible. Y no solo la preferible, sino en realidad la única aceptable. Por las razones siguientes.

Si adoptáramos la interpretación mecánica y determinista y considerásemos la unidad católica de España como el efecto de la causa señalada —invasión victoriosa de los árabes en 711—, entonces tendríamos que aceptar la consecuencia de que la unidad católica de España es un accidente en nuestra historia, accidente que aconteció porque aconteció el hecho de la invasión árabe, pero que pudo no acontecer si no hubiera acontecido ese hecho. Ahora bien, ese carácter contingente o accidental, ese carácter de *mero hecho*, que de esta suerte recibiría la unidad católica de España, resulta inconciliable con la línea melódica de la historia española y con la esencia íntima de la hispanidad, tal como se desprende de toda su realización en el mundo. Porque en la nación española y en su historia, la religión católica no constituye un accidente, sino el elemento fundamental de su esencia misma. Intentemos representarnos la historia de España —de ese quid espiritual e ideal que llamamos España o la hispanidad— sin incluir como elemento esencial el catolicismo. No podemos. Es sencillamente imposible imaginar una historia de España sin religión católica. Sería la historia de otra nación, de otra quasi-persona colectiva, pero no la historia de esta, precisamente, que se llama España. En cambio podemos fácilmente imaginar ausentes tales o cuales hechos —por importantes que sean— de nuestra historia, o imaginar acaecidos tales o cuales otros, con tal que permanezca intacta la esencial religiosidad española. Innumerables cosas pudieron acaecer o no acaecer en la historia de España; solo una hubo necesariamente de producirse: la unidad católica. Todo lo demás puede considerarse como contingente o accidental. El catolicismo, empero, es consubstancial con la definición misma, con la idea misma de la hispanidad. Esto lo siente con profunda e inequívoca evidencia todo español. Ya sé que ha habido y quizá haya algunos que pretenden negarlo. Pero será por efímero capricho intelectual o porque intenten y deseen personalmente la descristianización de España, a sabiendas de que lo que de esta descristianización resultase ya no sería propiamente España, sino otra cosa, otro ser, otra nación; o más probablemente aún, nada.

Mas si el catolicismo y la hispanidad son consubstanciales, entonces ya no es posible ligar la unidad católica de España con la invasión árabe por vínculo de causalidad eficiente.

Porque la causalidad eficiente liga y une siempre hechos homogéneos. La unidad católica de España no es empero un *hecho* en la historia de España, sino la definición misma, la idea de la hispanidad, la esencia de la historia española. La invasión árabe en España no fue, pues, la causa accidental que produjo el efecto de la unidad católica, sino el establecimiento providencial de una situación efectiva, que vino a crear para muchos siglos las circunstancias efectivas más favorables a la manifestación exterior histórica de la esencial religiosidad española. Durante setecientos ochenta y un años el alma española tuvo que luchar por descubrirse a sí misma, por afirmarse a sí misma, por conocerse a sí misma, en contraposición de quienes eran a la vez extranjeros e infieles. Fueron los siglos de aprendizaje de la hispanidad, los siglos en que la hispanidad sacó a la luz lo que en ella había puesto Dios y expresó en forma de existencia histórica su pura esencia ideal en la mente divina.

Desde la invasión árabe, el horizonte de la vida española está dominado en efecto por la contraposición entre el cristiano y el moro. Este dispositivo de la Providencia conjuga en identidad fundamental el sentimiento religioso con el sentimiento nacional. Lo ajeno es a la vez musulmán y extranjero. Lo propio es, pues, a la vez cristiano y español. La afirmación de lo propio recae simultánea e indivisa sobre la catolicidad y la hispanidad, como la negación de lo ajeno recae igualmente simultánea e indivisa sobre la religión y sobre la nación del intruso. Todavía hoy, en nuestros campos andaluces, se llama moro al niño no bautizado. Ha podido acontecer sin duda que durante los casi ocho siglos de la llamada

Reconquista, se verifiquen hechos de muy diverso carácter: alianzas de cristianos con moros; guerras de cristianos entre sí; préstamos culturales, científicos e institucionales de uno a otro campo. Ocho siglos de vida dan margen para una grandísima variedad de actitudes ocasionales. Entre los enemigos más radicalmente tales hay treguas, paces y aun alianzas transitorias. Pero, amigo o enemigo, maestro o discípulo, el moro es siempre el otro —aunque conviva y colabore en una misma comarca o ciudad—; y es el otro en los dos sentidos inseparables de la *otra* religión y de la *otra* nacionalidad. Frente a ese otro, el español se afirma, pues, a su vez en la indivisible unidad de su religión y de su nacionalidad propias.

Pero esta contraposición de moros y cristianos ofrece además a la vida española medieval una orientación dinámica y le señala con perfecta naturalidad la empresa en que preferentemente ha de templar el esfuerzo de su alma. Esa contraposición tiene, en efecto, su origen en una intrusión, en una invasión. La finalidad natural de la vida cristiana y española será, pues, desplazar de la península al musulmán invasor y, por consiguiente, establecer en España la unidad nacional y religiosa. Esta empresa define radicalmente la historia española de la Edad Media. Podrá permanecer oculta en algunos períodos y acelerar en otros el ritmo de su afán. Pero siempre, invariablemente, perdura a lo largo de estos siglos como un bajo continuo, sobre el cual la melodía del tiempo teje sus ritmos, lentos a veces y precipitados en otras ocasiones. Y así España, que es cristiana y española en contraposición del moro, tiene que conquistar su propio cuerpo y su propia alma por puro esfuerzo bélico. España no se encuentra, no se hereda a sí misma. Necesita ganar su vida a la punta de la espada cristiana. Dios la ha puesto en el trance de amasar su entidad nacional con el licor de su sangre y el calor de su fe.

Otras naciones se han hecho de otros materiales. España está hecha de fe cristiana y de sangre ibérica. Por eso entre la nación española y la religión católica hay una profunda y esencial identidad. El caballero español fue el único que no necesitó salir de su tierra para combatir por su fe. La cruzada en España fue guerra interior. En las otras naciones de Europa, el caballero cristiano tenía que buscar fuera de su propio país las ocasiones de servir a Dios contra el infiel. El caballero español encontraba al infiel dentro de casa; bastábale ser buen español para ser buen cristiano; o inversamente, ser buen cristiano para ser buen español.

Aquí tocamos la diferencia esencial que existe entre la religiosidad de la nación española y la de cualquier otro pueblo moderno. En Francia, por ejemplo —que en su fondo sigue siendo cristiana—, la religión no ocupa, no ha ocupado nunca el puesto central que asume en nuestra patria española. Esto no quiere decir que la nación francesa no haya sido y sea auténticamente cristiana. Quiere decir que en Francia la religión no es consubstancial con la nacionalidad. Se puede ser francés, buen francés, y no ser católico. El catolicismo en Francia es un ambiente, en el cual se puede vivir; es un marco, un cauce, dentro del cual puede discurrir la vida; pero no es el nervio, no es el eje necesario de la existencia nacional. El católico francés es francés y además católico. En España, en cambio, la religión católica constituye la razón de ser de una nacionalidad que se ha ido realizando y manifestando en el tiempo, a la vez como nación y como católica, no por superposición, sino por identidad radical de ambas condiciones. Las empresas católicas han sido siempre en España nacionales (711-1492); las empresas nacionales han sido siempre, en España, católicas (1500-1700). Pero en la historia de Francia ha podido perfectamente haber —y ha habido— empresas no católicas y sin embargo nacionales, y empresas nacionales, que no eran católicas, sin que ello menoscabe en lo más mínimo el catolicismo auténtico de Francia. Porque en Francia la nación es una cosa y la religión otra. Mientras que, en nuestra España, la nación y la religión son una y la misma cosa, una y la misma esencia, de tal suerte que dejar de ser católica equivaldría para España a dejar de ser hispánica.

Ello se advierte con plena claridad si se comparan las dos magníficas figuras de san Fernando, rey de Castilla, y san Luis, rey de Francia. San Fernando pudo ser a un mismo tiempo y bajo una misma razón caballero cristiano y rey español. Lo que hizo, hízolo a la vez como caballero cristiano y como rey. En cambio, san Luis de Francia hubo de padecer profundamente, en su íntima esencia, la trágica dualidad entre el rey temporal y el paladín de la fe. Como rey de Francia hubiera debido permanecer en su reino y no arriesgar su persona, su prestigio, sus caudales, sus fuerzas en empresa políticamente tan dudosa como la cruzada de Túnez. Pero como caballero cristiano estaba obligado a combatir al infiel. Lo que en san Fernando no solo era posible, sino evidente y naturalísimo —la fusión espontánea de la realeza nacional con la caballerosidad cristiana—, fue en san Luis problemática, dudosa y finalmente trágica misión. San Fernando vivió una vida armónica, conclusa, cerrada, como una curva geométrica o un acorde musical. En cambio, la vida de san Luis, con sus profundas luchas interiores, atraviesa por hondos contrastes entre el sereno dominio y el acerbo dolor, que dan a su figura un tinte peculiar de melancólica grandeza. He aquí dos símbolos clarísimos de dos muy distintos modos de nacionalidad. En el horizonte de la historia española, la idea nacional nunca aparece desasida y despegada de la idea religiosa. En cambio, en un país como Francia, la idea nacional puede muy bien presentarse independiente, distinta, ajena de la idea religiosa. Para el católico francés ha podido ser problema —a veces trágico— el armonizar el fin nacional con el deber religioso. Al hombre hispánico nunca se le plantea, nunca se le puede plantear, un dilema semejante.

Al cabo de siete siglos de esfuerzos diarios, la nación española logra al fin conciencia plena —y realización completa— de su esencia ideal. El reinado de los Reyes Católicos representa en muchos aspectos el momento cumbre de nuestra historia. España ha cumplido la primera parte de su misión eterna, la de ser la nación católica, la nación de la unidad católica, la nación en donde lo nacional y lo religioso no se superponen, sino que se compenetran en unidad consubstancial. Otro pueblo como este no ha existido en el horizonte histórico del hombre. En el extremo oriental de Europa ha habido algunos pueblos que, como España, han visto sus territorios invadidos y saqueados por los infieles. Sin embargo, el mismo hecho ha producido allí muy distintos efectos. Sin duda, algunos rasgos comunes pueden rastrearse en la psicología de todas las naciones «fronterizas» que, como España, han servido durante siglos de baluarte a Europa, montando guardia vigilante en la raya de la cristiandad, para permitir a los otros países centrales vacar a sus menesteres y empresas propias. Pero ninguno de esos países fronterizos ha sabido como España elevar a misión universal y eterna la incumbencia particular y temporal de proteger a Europa de los invasores musulmanes. España sola —porque tal era la esencia de su personalidad nacional— logró dar sentido trascendental a la función, en apariencia transitoria, de defender la cristiandad. Y así, esta defensa de la cristiandad, que durante casi ocho siglos llevó a cabo concienzudamente España, revelóse al fin como una función no temporal y transitoria, sino permanente y por decirlo así definitiva, la función misma para la cual Dios dio vida al tipo del hombre hispánico. A fines del siglo XV la conciencia nacional de España se cifra en esta clara y universal empresa: defensa de la fe cristiana.

Tercer período: expansión de la hispanidad

La expansión de la hispanidad por el mundo —desde 1492— presenta dos caracteres que en puridad no pueden separarse ni aun discernirse: el carácter popular y el carácter religioso. La emigración de los españoles a América y a las Indias orientales no fue empresa mandada ni organizada desde arriba por el Estado, sino un espontáneo impulso del pueblo, que los gobiernos se limitaron a proteger con privilegios, inspecciones y disposiciones de carácter más bien moderador que estimulante. Los hombres de Andalucía, de Castilla, de Extremadura, acuciados por afán andariego, por sed de oro o de fama, por amor de Dios y caridad cristiana, lanzábanse llenos de ilusión hacia los anchos mundos de ultramar, a poblar, a conquistar, a sembrar nueva vida hispánica. El poder central no hacía sino conceder el permiso, dar prevenciones y vigilar la obra de conquista. Este carácter esencialmente nacional y popular de la colonización española explica muchas particularidades de la vida americana durante el período colonial, durante la lucha por la independencia y aun en la época presente. Porque aquellos conquistadores y pobladores españoles de América mantuvieron desde el principio, con el gobierno del Estado en la metrópoli, una relación muy distinta de la que con sus respectivos gobiernos mantiene una colonia inglesa, francesa o italiana. Relación de subordinación, sin duda; pero con un especial carácter totalitario, que incluía el reconocimiento de vida propia en las nuevas fundaciones ultramarinas. Resístese la pluma —y ello es harto significativo— a aplicar el nombre de colonias a aquellos virreinatos, a aquellos gobiernos, a aquellas audiencias. En realidad, no eran colonias. No habían sido fundadas ni por intereses mercantiles ni por razones estratégicas. No habían sido fundadas por ningún interés particular. Eran simplemente brotes nuevos de vida hispánica; eran organismos vivos, organismos completos, cuya actividad no estaba constreñida a una especial finalidad —mercantil o estratégica— útil para la metrópoli, sino que tenían en sí mismos la razón y justificación de su propia existencia. Las colonias son como esclavos o criados, que desempeñan servicios convenientes para la vida de la metrópoli. Pero los establecimientos españoles en América vivieron desde el principio una vida propia;

es más, fueron fundados con vida propia; fueron, en realidad, vidas hispánicas que se trasplantaron a suelo americano y allí siguieron viviendo en la plenitud de su totalidad vital.

Pero si el hombre hispánico se trasladó a América no para esta o aquella finalidad parcial, sino para vivir la totalidad de su vida, entonces es claro que hubo de llevarse consigo todo su ser, toda su índole, en la cual hemos visto ya que la religión desempeña una función substantiva y define la esencia misma de lo español. De aquí, pues, el segundo carácter, el carácter religioso que ostenta la expansión de la hispanidad. Aquellos hombres que se fueron a América no a comerciar ni a vigilar los mares, sino a vivir, simplemente y absolutamente a vivir, sentían en su vida, como eje de su vida, el cristianismo. Para ellos, ser era ser cristianos; para ellos, vivir era vivir vida cristiana; para ellos, organizar una existencia colectiva era organizar un foco de cristiandad. Los conquistadores y pobladores españoles que iban a América a poblar, iban, pues, a cristianizar el país. Jamás falta el sacerdote, el religioso, el misionero, en los grupos de españoles que desembarcan en las costas americanas. Los descubridores denominan, invariablemente, los parajes con nombres de santos; dondequiera que se establecen construyen iglesias, levantan monasterios; y el ejército de los exploradores que se lanza sobre la selva o por la inmensa llanura no va seguido, ni precedido, sino acompañado siempre por el santo y valeroso misionero, campeón pacífico de Cristo, foco ardiente de luz y de amor para las pobres almas de los indígenas desamparados.

Estos dos caracteres —el nacional y el religioso— que definen la esencia de la expansión española por el mundo, no son realmente otra cosa que la manifestación necesaria del alma española, de la hispanidad, cuya substancia espiritual acaba de madurar durante el reinado de los Reyes Católicos, después de casi ocho siglos de germinación en la península. La nación española sabe ahora ya que su definición, su substancia ideal, la misión que Dios le ha conferido en la economía del mundo, es nada menos que la defensa de la fe cristiana. Esa misión, el hombre español lleva ya cumpliéndola ocho siglos. Durante este largo período se ha hecho a sí mismo defendiendo a Cristo; y ha construido su nacionalidad combatiendo al infiel. Ahora, henchida la península hasta reventar de vitalidad cristiana, es necesario que el hombre hispánico descubra para su vida otra empresa, otra tarea que dé sentido y orientación a su actividad nacional. ¿Qué empresa será capaz de encender las almas de los españoles? Necesariamente ha de ser una que mantenga la perdurable continuidad de la vida nacional, que no rompa el hilo del pasado, que afirme su perfecta homogeneidad y congruencia con la índole secular del hombre español. Ya no puede seguir siendo la recuperación del solar patrio y de la religión cristiana sobre los infieles, porque esta misión ya ha sido rematada con la conquista de Granada y con el establecimiento definitivo de la unidad religiosa. ¿Qué van a hacer, pues, los españoles ahora?

El empujón mecánico del pasado los lanza fuera de la península. La política de España se hace mundial. Y no será inútil subrayar aquí este detalle: que la primera —y quizás la única— política mundial que aparece en la historia humana es la política española del siglo XVI. Y no por casualidad, ni por virtudes particulares de los españoles que rigieron los destinos de la hispanidad en ese siglo, sino porque la esencia misma del alma hispánica destinaba providencialmente a España a ser la primera en practicar esa política. Desde 711, en España el interés nacional va consubstancialmente unido con el interés religioso. El hombre español sabe íntimamente que no puede —sin negarse a sí mismo— separar esos dos intereses. Ahora, empero, en 1500, llega un momento en que la coyuntura histórica obliga a España a salir de sí misma, es decir, a actuar internacionalmente. ¿Qué sucederá? Sucederá que el hombre español llevará a su política internacional ese mismo sentido religioso, que es consustancial con su índole propia. Ahora bien, una política internacional de sentido católico se convierte automáticamente en política mundial; porque catolicismo significa universalidad, y la religión católica no es de este o de aquel país, sino de todos los hombres en el mundo. La política internacional que había en Europa —es decir, también en España— antes de 1500 era, sin duda, internacional, pero no mundial; ninguna nación europea miraba por encima de sus intereses propios hacia fines y propósitos mundiales. Todas discutían y dirimían por las armas o por trueques pacíficos sus intereses relativos, es decir, internacionales. Ninguna fue capaz de concebir un orden universal del mundo entero y llevarlo a realización. La primera que ascendió a ese nuevo y superior plano fue España; y la razón de esta prioridad es que España, cuando ya no tuvo que enfrentarse dentro de la península con el «otro» —el musulmán—, levantó la cabeza y miró hacia fuera, con una mirada nueva en la historia, con una mirada limpia de todo prejuicio egoísta, con una mirada católica, es decir, mundial. Durante dos siglos, la política española se mantiene esencialmente en esa línea de la catolicidad; porque para ella cristiandad es sinónimo de humanidad y católica significa tanto como mundial. Pero cuando, hacia 1700, se inicie en Europa la secularización de la vida y ya la cristiandad no se identifique con la humanidad, ni católico sea equivalente a mundial, entonces España empezará a sentirse ajena a esa humanidad acristiana y a ese mundo acatólico y se recogerá sobre sí misma en un aislamiento y reclusión, del que solo ahora comienza a salir.

La idea del Imperio español es la idea del imperio católico, mundial. Su ideal extremo sería el establecimiento de la unidad católica en el mundo entero. Para acceder, empero, a ese ideal hace falta practicar una política que combata y extirpe la herejía, que reduzca a obligada colaboración católica a las naciones favorecedoras de la herejía, que fomente el establecimiento en el mundo entero de focos de vida cristiana, católica, y que distribuya por todo el orbe un ejército pacífico de misioneros, capaces de sembrar en todos los pueblos no civilizados aún la semilla santa de la fe cristiana. Considerad, empero, estos cuatro principios de la política imperial católica y veréis cuán rigurosamente han sido aplicados y, en lo posible, realizados por los dos grandes siglos españoles de la historia, el XVI y el XVII. Durante este período de su expansión universal, España ha combatido y extirpado la herejía en todos los lugares del planeta adonde llegaba el ámbito de su poder; ha protegido a la Iglesia, ocupada en debelar el error; ha instado, sostenido, fomentado la celebración de la magna asamblea de la Iglesia universal en Trento; ha mandado a ella sus mejores teólogos, que eran entonces los mejores del mundo; ha engendrado en lo más profundo de su espíritu la idea y el germen de la compañía religiosa más apta para subvenir a las necesidades nuevas de la nueva política católica mundial; ha combatido en Europa a las naciones favorecedoras de la herejía, posponiendo a veces notoriamente sus intereses materiales al sagrado interés de la cristiandad católica; ha luchado contra el infiel fuera de los límites peninsulares; ha sembrado en el Nuevo Mundo innumerables focos de vida cristiana católica; ha derramado por el orbe el manso ejército de sus religiosos y misioneros, que han llevado la palabra de Dios a los más remotos pueblos y comarcas de la Tierra.

Puede decirse que el tema de la historia española en los dos siglos XVI y XVII es la catolización del mundo. Conquistada la península para la fe, quedaba por conquistar el mundo para Cristo. Aprestóse a ello el hombre hispánico con la misma tranquila grandeza con que, en grupos de solos unos pocos centenares, se entraba impávido por vastos e inauditos imperios. Durante los siglos de su histórica grandeza, España fue el paladín de la religión cristiana. Por eso precisamente fue grande; porque acertó a proponerse entonces la empresa o tarea concreta que mejor y más puramente expresaba en el acontecer histórico la índole ideal de su íntimo ser, de su auténtica personalidad nacional.

Cuarto período: aislamiento de España

Pero esa España que desde 1500 venía imponiendo a Europa su política universalista cristiana, su estilo propio de vida, su concepción católica de la existencia, su literatura, su arte, su modo de vestir y de comportarse; esa España bruscamente, casi súbitamente, cesa, hacia 1700, de actuar en el escenario del mundo, se recluye dentro de sí misma, en un largo período de aislamiento, del que apenas ahora comienza a salir. He aquí un fenómeno histórico harto extraño y casi incomprensible. ¿Qué ha sucedido? ¿Por qué se aparta España tan bruscamente hacia 1700 del escenario político mundial que precisamente ella misma había inaugurado? Se han intentado muchas y distintas explicaciones históricas del hecho. Se ha hablado de decadencia. Se han computado comparativamente las fuerzas en presencia hacia 1700, para concluir a un desequilibrio desfavorable a España. Se han señalado errores notorios en la política practicada por los últimos reyes de la casa de Austria. Pero todas estas explicaciones necesitarían a su vez explicación. La razón de un cambio tan profundo de actitud, como el que España verifica a fines del siglo XVII, no puede hallarse ni en una ni en muchas de esas pequeñas causas contingentes que componen la menuda historia cotidiana. Este aislamiento de España hacia 1700 no es uno de tantos «hechos» que pueda derivarse mecánicamente de otros hechos anteriores. Hay aquí algo más y más hondo. Porque lo que sorprende y desconcierta en esta mutación no es solamente el abandono de la política mundial, sino la adopción paralela, dentro del país, de una política que podríamos llamar muy bien defensiva. Es evidente que España, en ese momento, no solo se aparta del resto del mundo, sino que se encierra en sí misma. No es que haya sido desplazada de sus posiciones por fuerzas superiores; es que ella misma, por propia voluntad, se ha desentendido y se ha recluido en su casa solariega como hidalgo viejo, desengañado del mundo y propiamente desesperanzado de la vida. Hay, pues, aquí, en este aislamiento de España, la auténtica manifestación de una decidida voluntad, una resolución profunda, tomada por el alma nacional, por esa quasi-persona colectiva, cuya es la historia, la historia cotidiana superficial, sembrada de «hechos» contingentes, en los cuales, unidos por el hilo quebradizo de la causalidad mecánica, cree el historiador acaso poder hallar la ley del acontecer humano.

Mas ¿por qué la persona colectiva española decide en 1700 apartarse del mundo y encerrarse en sí misma? No puede haber otra razón sino que la relación con el mundo le fuera insoportable y además peligrosa para su propio ser y substancia. Y, en efecto, consideremos lo que empieza a acontecer en la ideología profunda de Europa a partir del siglo XVII. Iníciase por entonces un proceso de pensamiento cuyo término habrá de ser propiamente esa dolencia espiritual colectiva que podríamos llamar la enfermedad de Europa. Los nombres que esta enfermedad ha recibido son muy variados: secularización de la vida, laicismo, naturalismo, positivismo. El Santo Padre la ha llamado últimamente «progresiva descristianización individual y social». Bajo otras denominaciones, de apariencia más inocente, encúbrese también a veces esa misma dolencia; tales, por ejemplo, las de humanismo y liberalismo. Y ¿en qué consiste esa enfermedad de Europa? Comienza, en el terreno de la filosofía pura, con el afán —por lo demás plausible— de «entender» la realidad, de hacer «inteligibles» las cosas. Pero una vez que el pensamiento humano, a fuerza de rigurosos y cautelosos dispositivos mentales, ha logrado «entender» algo de la realidad y hacer «inteligibles» algunas cosas, en seguida se hincha de suficiencia y da el paso —harto equívoco y peligroso— a la afirmación o tesis de que toda la realidad es «inteligible», es accesible a la razón. De este plano a su vez asciende el racionalismo a otro ya francamente inaceptable: que lo que no es accesible a la razón, no forma parte de la realidad, no tiene existencia, carece de ser. La consecuencia es inmediata; queda negada toda la realidad sobrenatural; y el mundo, el hombre, la vida, reducidos a lo que el entendimiento puede concebir «clara y distintamente».

La filosofía del racionalismo y del idealismo van poco a poco reduciendo la porción de Dios en el ámbito de la vida humana. La existencia del hombre sobre el planeta se entiende entonces cada vez más como un «hecho» natural, que pide explicación natural. Cada día la mentalidad «moderna» celebra un nuevo triunfo, imaginando que ha logrado reducir a leyes físicas o fisiológicas o psicológicas los ambientes divinos en que vive envuelto el hombre. Todavía Leibniz dejaba un cierto margen a la «gracia» junto a la «naturaleza». Pero ya el siglo XIX ha pretendido analizar la «gracia» misma y descomponerla en procesos psíquicos de pura subjetividad. La secularización de la vida o —como dice enérgicamente el Santo Padre— la progresiva descristianización individual y social producen en Europa y consiguientemente en el mundo una atmósfera nueva, sin duda irrespirable, mefítica para el alma del hombre español. Créase en el mundo un ingente equívoco, que ha pesado como losa de plomo sobre la conciencia culta del hombre, durante estos dos últimos siglos. Las palabras más nobles del idioma aparecen con dos sentidos totalmente opuestos, pero que resbalando dulcemente el uno sobre el otro, provocan la irónica sonrisa de Mefistófeles. Algunos ejemplos: Dios significa para el cristiano el Creador del mundo, el Padre de las almas y la Providencia de la vida; para el refinado filósofo es, en cambio, un postulado de la razón práctica. Libertad es para unos la libertad de negar; para el cristiano empero es la libertad de creer. Inmortalidad es para el hombre religioso la supervivencia personal del alma; para el pensador racionalista es la perduración del pensamiento humano en la evolución terrestre. Humanidad significa para los españoles cristiandad; para la mentalidad nueva, que el racionalismo difunde, significa en cambio capacidad de comercio. Una concepción naturalista del hombre sustituye a la concepción religiosa: no hay nada en el hombre que no sea pura naturaleza; y la religión misma se interpreta como uno de tantos fenómenos naturales: fenómeno psíquico o fenómeno sociológico.

Pero esta secularización de la vida, esta eliminación de lo sobrenatural, se revela en el fondo imposible; porque es radicalmente falsa y anormal. Constituye una verdadera enfermedad. Ved tan solo algunas de sus principales consecuencias. Primeramente siembra la lucha entre los hombres; porque orienta toda la actividad humana hacia los bienes materiales, que son justamente los más bajos en una clasificación de los valores. Los valores materiales se consumen en la división y reparto prolongados. No pueden, pues, distribuirse más allá de cierto límite. La posesión de ellos por unos hombres implica la privación de ellos para otros hombres; y, por consiguiente, la lucha de los que los tienen con los que los quieren. Sólo la caridad puede remediar esta radical oposición. Pero la caridad es ya una virtud sobrenatural, es decir, orientada justamente hacia esos bienes superiores que la enfermedad de Europa no quiere o no puede percibir y estimar. Por eso desde 1700 la política europea es política «realista», que muy naturalmente conduce a la guerra constante entre las naciones, y, por si esto fuera poco, a la lucha intestina «de clases» dentro de cada nación. La idea de la humanidad católica o de la cristiandad ecuménica, que imprimió a la política española durante los siglos XVI y XVII el carácter de política mundial, no tiene cabida dentro de esta concepción naturalista de la existencia humana. España no podía seguir practicándola; y como no tenía —no quería tener— otra en substitución de ella, prefirió retirarse del escenario del mundo. Desde entonces, empero, no ha vuelto a haber verdadera política mundial sobre la tierra. Europa retornó a su antigua política internacional —que es la que aún sigue practicando—, a esa política estrecha, de puros intereses materiales, en que las naciones se disputan —o en caso de tregua se reparten— los trozos del planeta, como los perros los huesos del guisado. Una política de apropiación o de reparto no puede ser nunca mundial; será siempre meramente internacional, es decir, política de relaciones privadas entre las naciones, que se disputan o que se reparten la tierra. Para que una política sea verdaderamente mundial es preciso —como aconteció en España durante los siglos XVI y XVII— que vaya dirigida por una idea universal del hombre; y esta idea universal del hombre no puede ser otra que la idea cristiana del hombre.

Cualquier concepción naturalista del hombre condena irremediablemente la humanidad a la discusión y a la lucha. ¿Dónde, en efecto, si no es en la realidad sobrenatural, puede hallarse el punto de síntesis que reúna en un todo unitario a la humanidad entera?

La secularización de la vida tuvo empero una segunda consecuencia, no menos contraria que la anterior a la índole del alma española. La secularización de la vida iguala a todos los hombres, reduciéndolos al rasero de la realidad natural. Para el naturalismo carecen de sentido el mérito y el demérito, el pecado y la virtud, la obligación y la pretensión; porque todos estos conceptos designan en realidad simples complejos de fenómenos psíquicos naturales. Y, efectivamente, el resultado más claro de toda la evolución del racionalismo moderno ha sido la caída de la lógica, de la ética y de la metafísica —de toda la filosofía, en suma— en la sima del subjetivismo. De esa sima comienza a salir penosamente el pensamiento filosófico actual. Pero tardarán mucho en sanar las llagas que en el alma «moderna» ha producido ese subjetivismo del pensamiento y de la vida. El hombre «moderno» se ha acostumbrado harto a considerarse como «la medida de todas las cosas» —en el sentido más concreto e individual. Son incalculables los daños que ha producido esa famosa «cultura popular»— pregón absurdo de una democracia pedantesca y elemental. Y acaso el más grave de todos esos daños haya sido el haber desterrado de las almas la paz cristiana. El hombre llamado «moderno» sufre horriblemente, en su íntimo ser, de un radical descontento, que casi siempre se convierte en resentimiento, rencor, envidia o amargura. ¿Cómo no iba a sentirse el alma española ajena a esta enfermiza perversión? ¿Cómo no iba a preparar, frente al temible contagio, la defensa más eficaz de su íntima paz, de esa paz cristiana del alma, que asume con alegre humildad las condiciones duras de la vida terrestre en la firme y venturosa confianza de la eterna vida celestial? La igualdad de todos los hombres es para el cristiano una realidad sobrenatural. El moderno paganismo, haciendo de ella también una realidad natural, ha precipitado las almas en la desesperación y el desconsuelo.

Así pues, hacia 1700, mientras en Europa cunde la descristianización, España se aparta del tráfago mundial y se encierra en sí misma. Desde esa fecha hasta hoy puede decirse que no hace España más política internacional que la estrictamente necesaria para subsistir y conservarse. La empresa mundial española —la cristiandad ecuménica— no tenía ya ambiente en el mundo. Y España no podía sustituirla por otra. No por falta de imaginación; sino porque cualesquiera otras tareas que en consonancia con las ideas de los tiempos nuevos hubiera podido España excogitar y proponerse, habrían sido imposibles para ella, habrían sido traiciones a su propia y profunda esencia. Existe, en efecto, el imposible histórico —como existe el imposible físico o metafísico—. Para una persona o quasi-persona histórica, es imposible histórico todo propósito cuya definición o cuyo contenido ideal esté en contradicción con la esencia profunda, con el «estilo» de su personalidad nacional o individual. Recuerde el lector la distinción que anteriormente hemos explicado entre persona y sujeto. El imposible histórico es justamente la contradicción entre el sujeto y la persona. Cuando una nación —o el gobierno de una nación— concibe fines y objetivos que son incompatibles con la definición profunda de la persona colectiva nacional, entonces se propone un imposible histórico; o, dicho crudamente, se hace traición al espíritu nacional. Durante el siglo XVIII y XIX muchas veces ha acontecido que los gobernantes españoles, seducidos por ejemplos exóticos, han propuesto a España tareas, empresas, fines, que eran contrarios al estilo e índole nacionales. España, una y otra vez, los ha rechazado. No pongo en tela de juicio la buena fe individual de esos intentos. Pero niego radicalmente su hispanidad. Si esos ideales más o menos «europeizantes», que de vez en cuando, desde 1700, algunas minorías de refinada cultura propusieron a España, han sido siempre al fin rechazados o desatendidos por nuestro pueblo, es porque en el fondo no eran «españoles», no estaban de acuerdo con la esencia y estilo de la personalidad nacional y representaban «imposibles» históricos.

Y al que se lamente de este apartamiento de España, calificándolo acaso de anacronismo, yo le aconsejaría que reflexione más despacio sobre la relatividad del acontecer histórico. Nunca es anacrónica la fidelidad a la propia esencia; porque la persona es la que, en la historia, llena el tiempo con hechos. Los hechos históricos son, pues, los que deben congruir con la persona; no la persona con los hechos. Cuando la persona viviente verifica actos cuyo sentido es contradictorio con el sentido ideal de su propia definición, entonces esa persona es infiel a sí misma, se anula a sí misma y, en puridad, es anacrónica consigo misma. La actitud de apartamiento, que España adoptó en 1700, frente a una Europa que rápidamente se descristianizaba, fue, pues, una actitud congruente con la índole y estilo de la persona nacional. Lo contrario hubiera sido el suicidio de la hispanidad —el auténtico y verdadero anacronismo—. Por otra parte, ¿qué anacronismo puede haber en negarse a caminar por una dirección equívoca y equivocada, que conducía necesariamente a un callejón sin salida? Negarse a marchar por las sendas que se desvían de la verdad cristiana es justo lo contrario del anacronismo; es permanecer en el eje de los tiempos; es aguardar tranquilamente en la ancha vía de la historia a que los imprudentes aventureros regresen —si regresan— de los caminos extraviados por donde fueron a perderse.

Hemos recorrido —con excesiva rapidez— la trayectoria, la melodía, que en el tiempo de su historia ejecuta la persona nacional española. De continuo en ella se percibe una fundamental actitud del alma hispánica, una inequívoca voluntad: la realización y defensa de la unidad católica; primero dentro de la península; luego en el mundo entero. Y cuando no es ya posible proseguir en la propugnación del ideal cristiano ecuménico, España se retira, como Aquiles, a su tienda y hogar, ansiosa de guardar su alma de los contagios con paganidades filosóficas. Tal es, pues, el sentido de la historia de España. La idea religiosa constituye el hilo en que los hechos históricos españoles se ensartan, para dibujar en el tiempo una trayectoria continua e inteligible, la trayectoria de una vida personal que, siendo cada día distinta, es, sin embargo, siempre la misma. En su primer período —en el período de preparación— fráguase la substancia de la hispanidad; y se fragua justamente fundiendo los elementos naturales preexistentes —los dados por Roma y los legados por la población indígena— en el crisol purísimo de la fe cristiana. En el segundo período, la substancia de la hispanidad se constituye, se afirma, se consolida y se revela a sí misma durante la lucha multisecular con el infiel; España, como nación, se reconoce consustancializada con la idea de la unidad católica. Durante el tercer período, de esplendorosa expansión universal, España aspira a organizar en el mundo la cristiandad, la humanidad cristiana, y a establecer sobre la tierra el reinado —no de su propia raza española— sino de Cristo Salvador. Por último, en el cuarto período, España se retira de la escena política europea; precisamente por el afán de no contaminar la pureza de su espiritualidad religiosa con la apostasía del pensamiento llamado «libre». España se retira para salvar y mantener incólume su propia esencia y la esencia de su fe. España se retira porque nada tiene que hacer en un mundo que o rechaza toda realidad sobrenatural o vive «como si la hubiera rechazado». Ahora, para proseguir el programa que nos habíamos trazado, quédanos tan solo el acometer el ensayo —delicado y sutil— de definir en conceptos y simbolizar en imágenes esa esencia de lo español, ese estilo de hombre hispánico, esa «hispanidad» pura que hemos visto desplegarse en la trayectoria temporal de su historia.

Idea y símbolo de la hispanidad

La definición y simbolización de la realidad personal es la tarea más difícil que puede proponerse el filósofo. No hay apenas precedentes de ella —digo precedentes metódicos y sistemáticos—, ni doctrina de su técnica. Los hombres saben ya desde hace tiempo definir y simbolizar otras clases de realidades: como, por ejemplo, la realidad ideal (matemáticas, lógica), la realidad física, la realidad biológica, la realidad psíquica. Con la ayuda de Dios y merced a la revelación puede también el teólogo definir y simbolizar la realidad sobrenatural, en parte al menos. Pero las realidades históricas, es decir, las personas humanas —individuales o colectivas— no se han intentado todavía definir, hasta en la época más reciente. Plutarco y los antiguos historiadores y biógrafos no pasaron de los dos primeros problemas que se plantean a toda biografía: el problema de recoger narrativamente los hechos y el problema de referirlos en continuidad de tiempo a la trayectoria total de la vida. No intentaron —sino en muy escasas ocasiones y más por impulso accidental que por necesidad sistemática— reducir a la unidad de un concepto y de un símbolo el individuo humano, la nación o el pueblo cuya vida describían. Solamente en estos últimos tiempos es cuando el enorme material histórico, acarreado desde hace un siglo, permite —y aun reclama— el esfuerzo metódico por llegar, en la biografía de los individuos y de los pueblos, al último trámite, al esfuerzo sintético de penetrar en la unidad de la substancia personal. No es simple casualidad esta afición que en nuestros días se advierte por escribir y por leer las biografías de grandes personalidades.

Se trata, pues, de un intento relativamente nuevo. Su dificultad se advierte claramente considerando que el objeto de la buscada definición es una persona, es decir, un ente individual, único, que no puede encajar en previos marcos de especies o de géneros; y que además es ente vivo y libre, o sea capaz de producir acciones y omisiones libremente, creando, por decirlo así, de un modo imprevisible la substancia de su propia vida en el tiempo. Nuestro problema, por ejemplo, es definir y simbolizar la hispanidad, lo que hace que algo sea hispánico y que otra cosa en cambio no lo sea, lo que constituye el modo de ser del «hombre hispánico». Para ello no tenemos asidero en nada previo, en ninguna clasificación general del hombre o de los «tipos» de hombre. Lo único, pues, que podemos hacer es partir de los hechos —historia concreta— realizados por ese tipo humano y de su trayectoria vital en el tiempo histórico; y desde esa exterioridad determinada y natural, intentar la fijación de las relaciones puras entre los elementos de su vida anímica, llegando así a una idea de su espíritu y a un símbolo adecuado de su estilo. Este esfuerzo ha sido hecho por mí mismo en un breve libro —*Idea de la hispanidad*—, en el cual me propuse describir el «modo de ser» —la etopeya— del hombre hispánico y simbolizarlo en la figura del «caballero cristiano». Permítame el lector que le remita a este librito. En las páginas siguientes procuraré compendiar en algunas fórmulas generales la definición y simbolización de la hispanidad.

Concepción hispánica de la vida

Lo primero y lo esencial es el lugar singularísimo que la religiosidad ocupa en el alma española. Nuestro Señor Jesucristo deslindó claramente los territorios respectivos de las dos relaciones fundamentales en que se desenvuelve la persona humana: la relación con Dios y la relación con la nación. Dijo Jesucristo: «dad al César lo que es del César y a Dios lo que es de Dios». Esta distribución de la actividad humana en dos planos, uno para Dios y otro para la patria, implica, primero: que son efectivamente dos los planos en que puede repartirse la vida; y segundo: que esos dos planos son perfectamente compatibles y armonizables. No puede haber contradicción entre la religión y la patria. No debe haberla. Pero hay dualidad; puede haber dualidad. La patria no es la religión; ni la religión es la patria. Ahora bien, acabamos de ver en nuestro repaso de la trayectoria histórica de España que el sentido de esa historia consiste en la identificación de la religión con la patria o de la patria con la religión. El sentido profundo de la historia de España es la consustancialidad entre la patria y la religión. O sea, que para los españoles no hay diferencia, no hay dualidad entre la patria y la religión. Servir a Dios es servir a España; servir a España es servir a Dios. En esta trayectoria de la historia de España no existe el dualismo entre el César y Dios. Porque España, la nación española, nuestra patria española, es —por esencia— servicio de Dios y de la cristiandad en el mundo.

Pero esta peculiar relación que la nación española mantiene con la religión cristiana supone necesariamente un fundamento de ella en el alma del «hombre» hispánico, en la esencia de la hispanidad. Necesariamente, en el alma del hombre hispánico ha de ocupar también la religión el puesto central. El «hombre» hispánico, que ha hecho España y América —o, si se prefiere, la hispanidad—, ha de presentar una estructura propia, en la cual la fe religiosa constituya el ingrediente dominante. Podrá decirse, por ejemplo, que, en el «hombre» hispánico, la religiosidad es el nervio o el eje de la vida; o que la religiosidad es el centro de la existencia; o que la religión es el órgano rector en el organismo de la vida. Pero todas estas expresiones son metáforas encomiásticas. Convendría hacer un esfuerzo por darles un sentido más preciso e intuitivo.

Lo que con la palabra «vida» designamos, contiene, entre otras muchas cosas, un elemento dinámico de esfuerzo, de acción. Vivir es hacer, esforzarse por, tender hacia. También podríamos decir que vivir es vivir para algo. Ahora bien: ¿qué es ese algo para lo cual se vive? ¿Qué es eso que la vida hace o a lo que la vida se esfuerza y tiende? Caben dos contestaciones —formales— y nada más que dos. La primera: que el algo para lo cual se vive y a que la vida se esfuerza y tiende sea la vida misma, esté en la vida misma. La segunda: que el algo a que la vida tiende y se esfuerza no sea la vida misma, ni esté en la vida, sino fuera de ella. Estas dos diferentes contestaciones distinguen clara y fundamentalmente dos concepciones de la vida: una para la cual el sentido de la vida es inmanente a la vida misma y otra para la cual el sentido de la vida es trascendente de la vida. Para la concepción inmanente, la vida tiene en sí misma valor. Para la concepción trascendente, la vida no tiene en sí misma valor, sino sólo en cuanto que se esfuerza y tiende a ese fin trascendente «para» el cual es vivida. Habrá, por consiguiente, tantas maneras de vivir la vida como haya «sentidos» que puedan darse a la vida. Pero como esos sentidos de la vida no pueden ser más que inmanentes o trascendentes, cabe reducir a dos las actitudes fundamentales que el hombre puede adoptar para vivir, según que confiera a su vida un sentido inmanente o un sentido trascendente.

El «hombre» hispánico pertenece —sin vacilación posible— al segundo modo, al que confiere a la vida un sentido trascendente. El hombre hispánico no considera que vivir sea vivir para vivir, ni vivir para algo que esté dentro de la vida, sino que pone la vida entera, la propia y aun la ajena, al servicio de algo, que no es la vida misma, ni está en la vida. Ese algo que, para el hombre hispánico, constituye el fin y por lo tanto también el sentido de la vida, es la salvación del alma, la gloria eterna en Dios. Cuando decíamos que la religiosidad es para el hombre hispánico el centro o el eje o el órgano rector de la vida, aludíamos determinadamente a esta conclusión a que ahora llegamos: que el hombre hispánico rechaza toda concepción inmanente de la vida y coloca el sentido trascendente de esta, muy concretamente, en la salvación del alma, en la gloria eterna. Otros tipos de hombre existen y han existido en el mundo cuyas concepciones de la vida difieren radicalmente de la que alienta en la sustancia de la hispanidad. Algunos tipos humanos hallan el sentido de la vida en la vida misma o en alguno de sus elementos —en la belleza de la vida, en la fuerza y alegría de la vida, en la salud del cuerpo o del alma o en otros valores vitales, como el ejercicio de la inteligencia, la piedad religiosa, la disciplina de la existencia humana, la prosperidad de un ente colectivo superior—, por ejemplo, la nación, la raza, etc. No faltan tampoco tipos humanos —como acaso el hindú— que encuentran el sentido de la vida en algo trascendente a la vida, de modo semejante al hombre hispánico. Pero el hindú coloca ese fin, que da sentido a la vida, en la no-vida, en la absoluta anihilación de la vida, en el nirvana, en la pura nada; mientras que el sentido trascendente, que el hombre hispánico da a la vida, se determina muy concreta, precisa y exactamente en la salvación del alma y la gloria eterna.

Vivir desviviéndose

Pero se hace urgente definir con mayor precisión la relación que en el alma hispánica mantiene la vida con la salvación eterna. Nuestras fórmulas parecen, en efecto, a primera vista contener una contradicción. Por una parte, hemos dicho que la religiosidad es centro, eje, nervio de la vida hispánica. Por otra parte, decimos ahora que la concepción hispánica de la vida es trascendente y que el hombre español pone como fin de la vida la salvación eterna. ¿No hay aquí una contradicción?

No la hay. Lejos de haberla, esa aparente contradicción constituye uno de los rasgos esenciales del alma hispánica. Porque lo típico del hombre hispánico es, por decirlo así, su modo singular de vivir, que consiste en «vivir no viviendo», o, dicho de otro modo, en «vivir desviviéndose», en vivir la vida como si no fuera vida temporal, sino eternidad. El hombre hispánico no considera la vida eterna o la salvación del alma como el remate, término y fin de la vida terrestre, sino como remate, término y fin de cada uno de los instantes y de los actos de la vida terrestre. La salvación eterna no es para él solamente un objeto de contemplación; ni tampoco solamente una norma de conducta, sino que es, ante todo y sobre todo, lo que da sentido y finalidad concreta a cada uno de los actos en que se descompone la vida terrestre. Para el hombre hispánico, los instantes no se orientan cada uno hacia el siguiente y todos hacia Dios, en la línea de la vida, sino que cada instante, en su singularidad de instante, se orienta ya por sí hacia Dios. De donde resulta que, para el hombre hispánico, el fin de la vida, la gloria eterna, no es el puerto de salvación en que la vida terrestre en su totalidad actual desemboca, sino el punto sobrenatural del cual está colgada la vida, por infinitos hilos que unen cada momento fugaz con la realidad trascendente del fin eterno. El hombre hispánico no piensa que la gloria eterna envuelve su vida como en un ambiente de santa luminosidad, sino más bien se representa la salvación como un foco inmóvil y perenne, que despoja y desnuda la existencia de su continuidad temporal y la deja reducida a una serie de sucesivos disparos del yo escueto hacia el fin eterno. Basta comparar la espiritualidad de san Francisco de Sales con la de san Juan de la Cruz para intuir claramente lo que digo.

Santificarse es, para el alma hispánica, despojarse, desnudarse, reducirse a lo más hondo y escueto del yo; es comprimir la vida y condensarla en un solo instante, que represente como la anticipación o antesala de la gloria. Por eso decíamos antes que el hombre hispánico no vive viviendo, no se vive, sino que se desvive; o, dicho de otro modo, que vive muriendo. La vida del alma hispánica es un constante morir y resucitar para volver a morir; hasta que la última resurrección sea ya ingreso en la gloria eterna. He oído contar de un ilustre militar español que, en cierta ocasión, hablando a sus amigos y subordinados, puso término a su arenga con las palabras de: «¡viva la muerte!». Creo que en esa exclamación —de apariencia extraordinaria y paradójica— se encierra una profundísima perspectiva sobre la índole del alma hispánica.

Así, pues, en el hombre hispánico la religión no es una dimensión de la vida, sino la aspiración más profunda del alma; tan profunda, que llega a reducir la vida a esa escueta aspiración. Y sobre esta base, la hispanidad se representa —ante sí misma y ante los otros— como una misión, como una vocación divina, que consiste en purificar, en despojar, en desnudar de materialidad y de vida temporal la persona humana, tanto la individual, como la nacional o la ecuménica y mundial. La hispanidad es el ascetismo de la persona. Es el afán de cada persona singular por llegar cuanto antes a ser quien es, anticipando lo más posible en esta vida la pura inmaterialidad e intemporalidad de la gloria eterna. Es también el afán de la nación hispánica de ser la que es, superando o desdeñando toda oposición de «lo otro» y de «los otros». Y así la historia de España se descompone en la serie de los esfuerzos por realizar ese proceso de ascetismo nacional. Primero, haciéndose la nación a sí misma por eliminación violenta de «lo otro» o por incorporación de «lo otro» a la propia esencia cristiana. Segundo, convirtiéndose la nación en promotora y paladín de la cristianización del mundo. Tercero, desdeñando la nación el trato y comercio con «lo otro», con lo no-cristiano del descarriado mundo. En cierto modo, el pueblo español se considera a sí mismo —conscientemente en algunas almas, inconscientemente en el resto de ellas—

como pueblo no diré elegido, pero sí especialmente llamado por Dios a la vocación religiosa de conquistar la gloria para sí y para los demás hombres.

El caballero cristiano

Por eso, a mi parecer, el símbolo plástico más adecuado para representar la índole íntima del hombre hispánico es la figura del «caballero cristiano». El dinamismo ascético —que constituye el fondo más auténtico del alma hispánica— exprésase admirablemente en las virtudes guerreras del caballero, paladín de las causas grandes, defensor del bien, debelador del mal, magnánimo frente a la mezquindad, valeroso, resuelto, sufrido, sobrio, asceta de la vida, porque no vive para su propio sujeto contingente, sino para la esencia de su inmaculada personalidad caballeresca y para la bienaventuranza de los otros hombres. El ímpetu dinámico, la inextinguible actividad del caballero, se enderezan y aplican en efecto a la salvación del alma en sí mismo y en los demás. Cuando san Ignacio de Loyola quiere simbolizar en una figura plástica la personalidad humana, puesta en el trance de escuchar y seguir o de desoír y desatender la voluntad de Dios, no puede imaginar nada mejor que el caballero cristiano recibiendo la consigna del rey temporal. Y llama «perverso caballero» al cristiano capaz de negarse a la empresa a que el rey «eternal», Dios Nuestro Señor, le invita.

El caballero cristiano resume en su silueta cervantina lo más exquisito, lo más puro de la hispanidad inmortal. Y no es casualidad que sean España y América las comarcas del orbe donde se ha conservado más incontaminado el sentido primitivo —y primordial— de la caballería o, como diríamos mejor hoy, de la caballerosidad. Efectivamente, la orden de la caballería fue una creación de la Iglesia para su defensa y la de la religión y la de la moral y del bien y de la virtud y de la lealtad cristiana sobre la tierra, defensa que la Iglesia confió a las armas del caballero, quien, por juramento solemne, se obligaba a ese servicio de la religión. Y así es, en efecto, el caballero cristiano español; tal es, en efecto, la caballerosidad del alma hispánica: servicio de la religión, servicio de la eternidad en lo temporal, servicio del espíritu en la materia, reducción de la vida efímera a la vida eterna.

Enseñanzas

La filosofía de la historia de España nos proporciona unas enseñanzas de la más alta importancia en todo tiempo y muy principalmente en el tiempo presente. No es nuestra incumbencia extraerlas del pasado histórico y exponerlas aquí ahora. Cada generación de las que se suceden sobre la piel de toro de nuestra vieja y amada península, tiene por esencial cometido el sacar del pasado y del presente de España su idea de lo que debe ser el porvenir inmediato. Y esa idea, nacida en mentes jóvenes y frescas y calentadas por el fuego de corazones lozanos y ardientes, transfórmase fácilmente en ilusión patriótica, en entusiasmo de obra, en empresa o tarea colectiva. Así va hacia adelante la vida de las naciones por los esfuerzos de cada generación sucesiva. Pero esos esfuerzos, esos afanes que cada nuevo grupo de jóvenes siente, al acceder a la vida pública de la nación, deben ser propósitos y programas claros, luminosos, capaces de ser entendidos, amados y propugnados por todos. Mas no lo serían, si no estuvieran fundados en un exacto conocimiento de lo que nuestra patria ha sido y ha hecho en el pasado y de lo que —fuera de todo tiempo— es y debe ser nuestra patria. El conocimiento de la historia de España y la meditación filosófica sobre esa historia, son, pues, la condición indispensable para que el sentido político de las generaciones actuantes represente con perfecta exactitud la realidad profunda del momento en el alma de la patria. No es exagerado decir que el elemento fundamental, esencial, de toda buena y eficaz política consiste en el estudio profundo de la historia patria y de su filosofía. Acaso ese estudio, ese conocimiento de la historia de España no haya sido siempre, en los últimos cien años, todo lo exacto, profundo y difundido que fuera de desear; y quizá algunos de los males que ha padecido nuestra patria española, en las últimas décadas, puedan atribuirse a la precipitación, a la ceguera y, en definitiva, a la ignorancia histórica, que han sido características de otras generaciones anteriores. No caigáis vosotros, jóvenes españoles —a quienes pronto va a incumbir la obligación, penosa y venturosa a un tiempo mismo, de proponer fines a la vida nacional y de propugnar y dirigir su consecución—, no caigáis vosotros en ese error, en ese indisculpable olvido. Estudiad la historia de España, meditadla, empapad vuestras almas de la hispanidad secular, que alienta en los gloriosos siglos de nuestro pasado nacional. Solo así, solo conviviendo en el presente, por la imaginación, por el pensamiento y por el amor, con las obras y las ilusiones de nuestros antepasados; solo entroncando vuestras vidas de hoy con la vida continua, ininterrumpida, de la España perenne, podréis asumir con serena resolución los deberes que va a imponeros el futuro. Si queréis servir a España —como no podéis menos de quererlo—, empezad por conocerla bien, para amarla mejor y para que vuestro pensamiento del futuro y vuestra acción en el presente, no sean ruptura con el pasado histórico, no sean infidelidad a la secular esencia hispánica de nuestra patria, sino continuación y perfeccionamiento de la vocación eterna, que Dios ha impuesto al hombre español.

Reacción, inercia, revolución

De tres maneras puede una generación ser infiel y positivamente traidora a su patria y a la misión de su época. Por reacción, por inercia y por revolución. La reacción en la historia es siempre utopía. Contradice el significado mismo de la realidad histórica; que, por ser realidad temporal, se construye sobre el tiempo, que es irreversible. La historia no vuelve nunca atrás, no retrocede jamás a un nivel que ya haya superado alguna vez. La historia es siempre acción, nunca reacción. Va siempre adelante y camina hacia modos de existencia inéditos y no experimentados por el hombre. Querer dar media vuelta al carro es, primero, imposible; segundo, peligroso; porque el carro seguirá caminando, aunque tenga que pasar por encima de los cuerpos de quienes hayan pretendido neciamente dar al rumbo un giro completo.

Mas si de la Historia sacamos, como primera enseñanza, que el retorno al pasado, la reacción absoluta, es imposible, también de ella extraemos el conocimiento de que la inercia absoluta de una generación no es menos incompatible con la esencia de la realidad histórica. Una generación absolutamente reaccionaria —si fuera posible— llevaría a la nación a un desastre inenarrable y la entregaría a la más profunda desorientación histórica que se pueda imaginar. Pero una o dos generaciones inertes bastan también, a veces, para corromper de tal manera la sustancia nacional, que —salvo un milagro— la ruina espiritual del país viene inexorablemente a sancionar el perezoso olvido de los deberes. La historia es movimiento hacia una meta, progresión o ascensión. Y si el movimiento, la progresión, la ascensión se detienen, entonces es extremadamente difícil reponer en marcha el vehículo, que será destrozado o conquistado o aniquilado por vecinos más activos y audaces. Los ejemplos trágicos están a la vista de todo el que quiera repasar la historia. Las llamadas decadencias y desapariciones de pueblos y de imperios, no fueron otra cosa que detenciones mortíferas en su marcha progresiva. Grecia se paró y fue absorbida por Roma. Más cerca de nosotros, al lado mismo de nosotros, tenemos el doloroso, el trágico ejemplo de una gran nación, que la inercia de unas cuantas generaciones —harto bien avenidas con una vida fácil y cómoda— ha puesto al borde de la ruina histórica. Quiera Dios hacer en ella un milagro de reavivamiento y resurrección; que bien lo merece ese hermoso país, benemérito de la fe cristiana y de la inteligencia humana.

La revolución absoluta no es, empero, menor daño que la pasividad o que la obtusa obcecación reaccionaria. Romper la tradición es poner en peligro la existencia misma de la patria. Porque la personalidad histórica significa, ante todo, continuidad en el tiempo. Así como en el desenvolvimiento de nuestras vidas personales somos en cada instante los mismos y, sin embargo, muy distintos de los que éramos antes, así también en la vida colectiva de la patria, nuestra España de una época es la misma y, sin embargo, muy distinta de la que fue en época anterior. Querer que siga siendo la misma, solamente es el error funesto del reaccionario. Querer que sea total y absolutamente distinta, es el error, no menos funesto, del revolucionario. La tradición, el hilo irrompible que junta y ensarta períodos diferentes en la profunda e intemporal unidad de persona histórica, es la espina dorsal de todo organismo vivo en el tiempo. Revolución absoluta es desnucamiento. Una España que ya no fuera la misma de los concilios toledanos, la misma de Alfonso II, la misma de Fernando el Santo, la misma de los Reyes Católicos, la misma de Felipe II, la misma de Carlos III, la misma de Isabel II, la misma de Alfonso XII, ya no sería España, sería otra cosa no hispánica en el viejo solar de España; sería eso que quisieron hacer de España los comunistas extranjeros; sería una España no hispánica, una España sin esencia de hispanidad; sería el hueco de España, la tumba, la sepultura de España.

Fidelidad a la esencia nacional

El primer deber patriótico de cada generación, que adviene a la vida nacional, consiste, pues, ante todo, en ser fiel a la esencia de la patria. Y se es fiel a la esencia de la patria, cuando a un mismo tiempo se la conserva y se la empuja hacia nuevas formas futuras. La filosofía de la historia de España nos ha enseñado que España, el espíritu hispánico, es una sustancia personal, cuya esencia histórica consiste precisamente en conservarse y mantenerse cambiando. A las realidades históricas les es esencial tanto el cambio como la permanencia. Son esencias simultáneamente idénticas y variables. Esta condición ambigua de la realidad histórica —de la persona— es la que nos constriñe a extraer de la historia una filosofía; es decir, la que nos obliga a determinar, por una parte, la vocación perenne de España; y, por otra parte, su vocación temporal. A vosotros los jóvenes, es decir, a cada una de las generaciones ascendentes, toca resolver el problema de la vocación temporal. Pero para ello habéis de conocer muy bien cuál sea la vocación perenne de la patria; con objeto de que la vocación temporal, la empresa concreta, que propongáis a la nación, no esté en contradicción con la vocación perenne, no sea infiel a la esencia eterna de la hispanidad. De lo contrario, romperíais la tradición histórica, quebrantaríais la unidad con el pasado y hundiríais a la nación en tareas extrañas a su propia sustancia, extranjeras, utópicas, suicidas.

La definición y simbolización de la hispanidad nos da, por una parte, la idea clara de la vocación perenne, y, por otra parte, la intuición inequívoca del estilo que caracteriza a la hispanidad. Ninguna empresa concreta en ninguna época determinada podrá, pues —si quiere ser fiel a la hispanidad eterna— contradecir ni la idea de la vocación perenne, ni el estilo del símbolo hispánico. Esta sencilla averiguación nos permite, empero, definir con singular claridad y evidencia lo que podría llamarse el «imposible histórico». Digamos, pues, que imposible histórico es toda empresa, toda tarea o afán colectivo, que se halle en contradicción con la vocación perenne de España y con el estilo de su símbolo nacional. Una generación que propusiera al país un imposible histórico encerraríase en este férreo dilema: o hundiría a la nación en la negación de sí misma o se hundiría ella en el fracaso completo de su propósito. Esto justamente es lo que hemos presenciado, con los ojos arrasados en lágrimas de sangre, en el escenario político de nuestro país. Algunos hombres de la generación precedente quisieron arrastrar a España a empresas y modos de vida que eran «imposibles históricos», porque se hallaban en contradicción manifiesta con la vocación permanente de España y con el estilo del símbolo hispánico. Sucedió, pues, que la nación entera repelió la agresión de esos hombres a su más íntima índole, y enérgicamente restableció el orden espiritual. La enseñanza es patente. Posible en historia será siempre aquella política que proponga al país una empresa o tarea o faena congruente y armónica con la esencia de su vocación histórica permanente y con el estilo del símbolo en que se transfigura su sustancia nacional. Imposible, en cambio, será precisa y exactamente toda empresa contraria a la esencia de la nacionalidad y al estilo de su símbolo representativo.

Ahora bien, la filosofía de la historia de España logra definir la vocación perenne de la hispanidad y simbolizar el tipo de hombre hispánico. Hemos visto que esa vocación perenne de la hispanidad es el servicio y defensa de la religión; y que el símbolo evocador de la personalidad hispánica concreta sus formas en el perfil del caballero cristiano. ¿Qué conclusiones podemos sacar de esa vocación religiosa y de ese símbolo caballeresco para el porvenir de la hispanidad?

Algunos errores pretéritos

Una primera conclusión, muy consoladora y confortante. Que, estando vinculada sustancialmente la hispanidad con la religión, su suerte queda, por decirlo así, adscrita a la suerte que, en la tierra, haya de correr la religión. Mas el porvenir del catolicismo en el mundo no ofrece dudas. No ofrece dudas, primero y principalmente, por razones dogmáticas. Los embates contra la religión católica y la Iglesia podrán ser en estos o aquellos lugares todo lo violentos y furiosos que se quiera. Pero no prevalecerán. No pueden prevalecer. «Las puertas del infierno no han de prevalecer contra mi Iglesia», ha dicho Nuestro Señor Jesucristo. Además, el panorama ideológico del mundo actual manifiesta inequívocamente el comienzo de un período de extraordinaria progresión y encumbramiento para la Iglesia católica. El que no lo vea es ciego para las cosas del espíritu. La curva de la «descristianización» ha llegado ya a su punto más alto e indica ahora el descenso; el cual significa ascenso y rápido aumento de la correspondiente recristianización progresiva. A este incoercible progreso del catolicismo en el orbe no pueden oponerse ni las sectas cristianas disidentes, que cada día se hunden más en la desunión e incoherencia, ni el espíritu antirreligioso, que ha de carecer en lo sucesivo de pasto intelectual;

porque quien se lo daba —la filosofía llamada moderna— se encuentra, a su vez, en proceso de franca renovación y restauración del espíritu realista metafísico, o sea, en definitiva, del espíritu religioso.

Los grupos de españoles que, desde hace más de cien años, venían «desesperando» del porvenir nacional, eran en el fondo de sus conciencias hombres de poca —o ninguna— fe cristiana. Y si sentían temores por el porvenir de España, era porque, asociando la nación española a la religión cristiana, experimentaban la aprensión, más o menos consciente, de que el catolicismo fuese ya algo definitivamente pretérito, una especie de anacronismo histórico en el mundo, una forma de pensamiento y de vida llamada a desaparecer pronto. En un punto tenían razón estos españoles de poca o ninguna fe: en asociar íntimamente el sentimiento religioso católico con la esencia de la hispanidad. Pero en todo lo demás erraban profundamente. Sus esfuerzos por descristianizar a España presentábanse como fundados en el patriotismo; pretendían desconectar a España de la religión, porque creían que el vínculo religioso era fatal para nuestra patria, a la que arrastraba en dirección contraria al rumbo de la historia moderna. Estos españoles de poca o ninguna fe no se daban cuenta de las dos tremendas equivocaciones en que incurrían. La primera, creer que el vínculo de España con la religión cristiana puede romperse, así como así, de una plumada o con unas reformas más o menos «liberales» de la vida nacional. No. Ese vínculo que une el catolicismo con España, es algo esencial y consustancial con la persona misma de la nación. No es posible quebrantarlo, sin quebrantar en igual medida la sustancia hispánica de España. Si fuera posible que España, alguna vez, dejase de ser católica, España habría dejado de ser España, y sobre el viejo solar de la península vivirían otros hombres que ya no podrían, sin abuso, ser llamados españoles. No; no es fácil descristianizar a España. La historia política y religiosa de todo el siglo XIX y lo que va del XX lo demuestra con harta evidencia. Y por ventura —gracias sean dadas a Dios—, la vieja raigambre del catolicismo español está en los momentos actuales dando al aire, en sus robustas ramas, flores y frutos nuevos de espléndido porvenir.

La segunda equivocación, también tremenda, en que incurrieron aquellos españoles de poca o ninguna fe, fue creer que Europa —y tras Europa, el mundo— se había definitivamente descristianizado; y que los días de la religión católica sobre el planeta estaban ya contados. Esta falsa convicción era la que les impelía a procurar que España se «europeizara»; lo cual, en su terminología, venía a significar que España se descristianizara. Pero España no necesitaba, no necesitó nunca europeizarse, porque España era Europa misma, era la comarca —después de Italia— más antigua de Europa. Ni tampoco la Europa descristianizada podía —sin abuso— tomarse como símbolo y cifra de toda Europa. La verdadera Europa es la Europa cristiana. La otra, la del alegre librepensamiento o la del ceñudo paganismo, es una efímera degeneración. De ella sí que puede decirse, con razón, que «tiene los días contados». Porque, en verdad, que la ola de puro espíritu religioso, cuyo nivel va por momentos ascendiendo en el mundo, ha de sepultar muy pronto en el olvido los episodios filosóficos y sociales de la descristianización de estos últimos siglos. La Iglesia espera.

Tiene ante sí la eternidad. Y su esperanza ya no ha de tardar mucho en verse superabundantemente satisfecha.

Esperanza de la hispanidad

España también espera. Y puede esperar con firme confianza en el porvenir. Se ha jugado su vida histórica a la buena carta. Se ha vinculado inquebrantablemente con Cristo. Y Cristo siempre es, a la postre, el que triunfa, gane quien gane. Y para triunfar con Cristo, España no necesita más que desenvolverse tranquilamente desde los senos de su más auténtica personalidad. Sin prisas ni demoras; pero con el tesón del cristiano verdadero, que lleva en su alma la fecunda paz del justo. Medio mundo es ya nuestro hermano de raza, de sangre y de creencia. Mantengámonos estrechamente unidos por una parte con la Iglesia de Cristo, y, por otra parte, con ese «mundo común» de las naciones hispánicas, retoño de nuestra savia secular. A la Iglesia de Cristo nos une la definición misma de nuestra esencia, que desde hace mil quinientos años se afirma como servicio de Cristo y de su Iglesia. Con nuestros hermanos en América nos une la sangre, el idioma y, sobre todo, la religión. No olvidemos que si esos hermanos de ultramar tienen allá en su lejano continente problemas distintos de los nuestros, formas políticas distintas de las nuestras y para nosotros siempre respetables, tienen, empero, algo que, por encima de todo lo diferente, nos aprieta en vínculo estrechísimo: la hispanidad, la esencia personal del caballero cristiano, la sustancia colectiva de una misma fe en el destino eterno y trascendente de las criaturas. La unidad religiosa es el lazo más sólido que podemos apretar entre los dispersos miembros de la hispanidad. Cultivémoslo con amor y con celoso empeño. Si algún día lograsen todas las jóvenes generaciones hispánicas de acá y de allá asirse unas a otras por las manos, para iniciar juntas la ascensión de la cristiandad ecuménica a los cielos, bajo la custodia de la Iglesia orante y militante, ese día habríase inaugurado un nuevo período de gloria y esplendor en la historia temporal del caballero cristiano.